深圳市人文社会科学重点研究基地
导引治未病丛书

易筋经
养生智慧

牛爱军 著

人民体育出版社

图书在版编目（CIP）数据

易筋经养生智慧 / 牛爱军著. -- 北京：人民体育出版社，2024

（导引治未病丛书）
ISBN 978-7-5009-6428-5

Ⅰ.①易… Ⅱ.①牛… Ⅲ.①易筋经(古代体育)—基本知识②养生(中医)—基本知识 Ⅳ.①G852.6②R212

中国国家版本馆CIP数据核字(2024)第034856号

＊

人民体育出版社出版发行
三河市紫恒印装有限公司印刷
新 华 书 店 经 销

＊

880×1230　32开本　7.5印张　149千字
2024年5月第1版　2024年5月第1次印刷
印数：1—5,000册

＊

ISBN 978-7-5009-6428-5
定价：40.00元

社址：北京市东城区体育馆路8号（天坛公园东门）
电话：67151482（发行部）　　邮编：100061
传真：67151483　　　　　　　邮购：67118491
网址：www.psphpress.com
（购买本社图书，如遇有缺损页可与邮购部联系）

序

在金庸先生武侠小说的渲染下，易筋经俨然已经成为神功绝技的代名词，成为千年名刹少林寺的金字招牌。

其实，不少人混淆了"导引术"易筋经和"文本"《易筋经》的区别。

"文本"《易筋经》指的是著作，虽然这些著作都名为《易筋经》，但版本多有不同，如果不谈版本只谈作品，无异于隔靴搔痒，言不及义。

早在明代就已经出现了《易筋经》手抄本，但明代和清代早期版本的《易筋经》中并没有记载易筋经导引术，而是练习内功和硬功的知识与方法、中医药内容等。清代后期道光年间的《易筋经》版本中，才出现了易筋经导引术十二个动作的图谱和文字表述。

作为"导引术"的易筋经在历史发展中衍生出不同流派的各种练习方法，虽然动作不尽相同，但大体相似，基本上源于这十二个动作。

为什么一提到易筋经，马上就让人联想到达摩祖师、李靖，以及岳飞和牛皋这两位宋代抗金名将呢？

这是因为不管哪个版本的《易筋经》，照例在书的前面都会有序言，而且是两个序言，这两个序言在各版本中大体相同。一个序言署名李靖，李靖是唐代的开国大将，被后世演化成托塔李天王的形象，在《西游记》中被大家所熟知。另一个序言署名牛皋，是岳飞手下的大将。

李靖在序言中说，《易筋经》和《洗髓经》都是达摩所著，是用梵文书写的，在唐代被印度来华的高僧般剌密谛翻译出来以后，将修炼武功的诀窍传给了徐鸿客，徐鸿客又传给了虬髯客，虬髯客传给了李靖。

牛皋在序言中说，有一位高僧把《易筋经》里的武功传给了岳飞，岳飞传牛皋，牛皋又将它传到后世。

就是因为这两篇序言，《易筋经》披上了武功秘籍、内功绝技的外衣，和佛教、少林寺产生了不可分割的联系。

达摩是禅宗创始人，禅宗主张明心见性，注重心性的修炼，如果贪恋肉身的成就，其实与佛教戒律并不符合。所以《易筋经》这本书里所讲的修炼方法，有中医药的使用，有道教修炼的内容……追根溯源，反而没有多少佛学的色彩。

这也是为什么一直有学者认为，《易筋经》的真实作者不是达摩，而是明代紫凝道人的原因。

由于现存历史资料有限，目前很难考证出《易筋经》到底是何时、何人所著，也很难考证"易筋经十二式"是何时、何人所编创。

当然，"易筋经十二式"出现在书中的年代比较晚，并不能代表易筋经导引术的源头比较近，也有可能这十二个动作一直在民间流传，后来才被记载到书中。

清代道光年间以后，很多养生健身的书籍中记载了易筋经导引术，使其得以迅速传播，影响日益广泛，特别是民国以来，随着侠义小说的兴盛，在文学、影视作品的渲染下，易筋经更是成为了中国文化的一张闪亮名片。

爱军的《易筋经养生智慧》没有拘泥于考证《易筋经》版本和分析其文本含义，而是将精力放在了对"易筋经十二式"动作说明、要点、功理及文化内涵的研究中。综观本书，具有以下几个特点。

第一，古今对照，中外对照。

本书用现代筋膜理论对传统导引术的操作方法、功理作用等进行了一定程度上的解释，对筋、经筋、筋膜、筋膜链等进行了分析对比，拓宽了用传统文化诠释易筋经的视野，将会更有利于易筋经健身效果研究的深入。

本书分析了易筋经的传世口诀，将其与技术细节进行了印证，尽量使动作更接近古传原貌。本书还将易筋经动作和瑜伽体式进行了类比对照，在技术动作层面将两者放在一起进行对比，有助于易筋经的国际化推广。

第二，文化引领，阐明功用。

易筋经动作虽然简易，内涵却丰富。比如书中对"韦驮""杵""韦驮持杵姿势"等的阐述，具有一定的文化普及作用，也更有利于读者了解动作中所隐藏的文化意蕴；在此基础上，又对关联知识进行了拓展，如对"合十"意义的讲解等。

易筋经作为导引术，每一个动作都具有独特而明确的健身养生作用。所谓"知行合一"就是要求明其理践其行，纵观全书，基本上达到了阐明动作功理作用的要求，有利于读者按图索骥加强锻炼和加深理解。

第三，要点清晰，动作清楚。

本书分为三篇，理论篇、技能篇、拓展篇。先明理，后实践，再拓延，层次清楚，特点明显。特别是在技能篇中，针对练习者的切身需求，对动作细节、动作与呼吸的配合、动作功理作用等进行了较为详尽的阐述，方便练习者学习与锻炼，可以在较短时间内较好地掌握易筋经十二式。

这是"导引治未病丛书"的第四本，我非常欣喜地看到了爱军的进步和成果。至今《八段锦养生智慧》已经6次印刷，《二十四节气导引》已2次印刷并输出版权到台湾地区，《呼吸的养生智慧》已经第4次印刷。在纸媒日渐衰落的今天，能取得如此成绩说明社会上有巨大的全民健身需求，也表明爱军的著作质量优良，得到了广大读者的认可。我相信《易筋经养生智慧》可以更上一层楼。

爱军的写作态度是严谨的，我感到很欣慰。他初稿完成后，征求了不少专家及读者的意见，集思广益，反复修改，从可读性、知识性入手，力求深入而浅出，尽量摒弃苦涩难懂的学术语言和枯燥乏味的教科书写法，而是以服务读者为第一要务，以传播知识为首要职责，从而不断取得进步。

当然，书中也留下了少许遗憾，比如对每一个动作具体锻炼到哪些肌肉的叙述有些简略，对同一动作不同传世口诀的对比没有展开，筋膜理论与传统文化的契合尚需进一步深入等。

瑕不掩瑜，本书眼界高、视野广、内容丰、效用实，不管是对初学者、爱好者，还是资深练习者和专业人士都有很好地学习和借鉴价值。

祝爱军能够写出更多更好的作品。

是为序。

虞定海

2023年3月于上海

目 录

理论篇

一、什么是"易筋经"？/ 2

二、为什么要"易筋"？/ 2

三、"筋"指的是什么？/ 3

四、易筋经中的"筋"指的是"筋膜" / 5

五、筋膜的作用 / 8

六、从筋膜角度认识"逆腹式呼吸"和
"收腹敛臀" / 9

七、从筋膜角度认识太极推手 / 14

八、从筋膜角度认识"慢练" / 17

九、从筋膜角度理解易筋经的锻炼要领 / 19

十、筋膜与经筋的比较 / 21

十一、易筋经是锻炼筋膜的首选 / 31

技能篇

一、起势 / 34

1. 动作说明 / 35
2. 动作要点 / 36
3. 动作功理 / 38
4. 文化内涵 / 39

二、韦驮献杵第一式 / 40

1. 动作说明 / 41
2. 动作要点 / 42
3. 动作功理 / 42
4. 文化内涵 / 45

三、韦驮献杵第二式 / 48

1. 动作说明 / 49
2. 动作要点 / 51
3. 动作功理 / 51
4. 文化内涵 / 52

四、韦驮献杵第三式 / 54

1. 动作说明 / 55
2. 动作要点 / 58
3. 动作功理 / 58
4. 文化内涵 / 60

五、摘星换斗式 / 61

1. 动作说明 / 62
2. 动作要点 / 65
3. 动作功理 / 67
4. 文化内涵 / 68

六、倒拽九牛尾式 / 69

1. 动作说明 / 70
2. 动作要点 / 73
3. 动作功理 / 74
4. 文化内涵 / 75

七、出爪亮翅式 / 77

1. 动作说明 / 78
2. 动作要点 / 81

3. 动作功理 / 82

4. 文化内涵 / 83

八、九鬼拔马刀式 / 84

1. 动作说明 / 85

2. 动作要点 / 90

3. 动作功理 / 90

4. 文化内涵 / 92

九、三盘落地式 / 93

1. 动作说明 / 94

2. 动作要点 / 97

3. 动作功理 / 98

4. 文化内涵 / 99

十、青龙探爪式 / 101

1. 动作说明 / 102

2. 动作要点 / 107

3. 动作功理 / 108

4. 文化内涵 / 109

十一、卧虎扑食式 / 112

1. 动作说明 / 113

2. 动作要点 / 118

3. 动作功理 / 119

4. 文化内涵 / 119

十二、打躬式 / 122

1. 动作说明 / 123

2. 动作要点 / 126

3. 动作功理 / 126

4. 文化内涵 / 127

十三、掉尾式 / 130

1. 动作说明 / 131

2. 动作要点 / 134

3. 动作功理 / 134

4. 文化内涵 / 135

十四、收势 / 136

1. 动作说明 / 137

2. 动作要点 / 139

3. 动作功理 / 139

4. 文化内涵 / 140

拓展篇

一、起势与山式站姿 / 148

  1. 山式站姿的动作 / 149

  2. 山式站姿的要点 / 150

  3. 山式站姿的功效 / 150

二、韦驮献杵第一式与礼敬式 / 152

  1. 礼敬式的动作 / 153

  2. 礼敬式的要点 / 153

  3. 礼敬式的功效 / 154

三、韦驮献杵第二式与山式侧平举 / 155

  1. 山式侧平举的动作 / 156

  2. 山式侧平举的要点 / 157

  3. 山式侧平举的功效 / 157

四、韦驮献杵第三式与摩天式 / 158

  1. 摩天式的动作 / 159

  2. 摩天式的要点 / 160

  3. 摩天式的功效 / 160

五、摘星换斗式与站立腰躯扭转式 / 161

1. 站立腰躯扭转式的动作 / 162

2. 站立腰躯扭转式的要点 / 163

3. 站立腰躯扭转式的功效 / 163

六、倒拽九牛尾式与战士二式 / 164

1. 战士二式的动作 / 165

2. 战士二式的要点 / 166

3. 战士二式的功效 / 166

七、出爪亮翅式与展臂式 / 167

1. 展臂式的动作 / 168

2. 展臂式的要点 / 168

3. 展臂式的功效 / 168

八、九鬼拔马刀式与牛面式（站姿）、幻椅式扭转 / 169

1. 牛面式（站姿）的动作 / 170

2. 牛面式（站姿）的要点 / 170

3. 牛面式（站姿）的功效 / 171

4. 幻椅式扭转的动作 / 171

5. 幻椅式扭转的要点 / 172

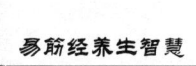

6. 幻椅式扭转的功效 / 172

九、三盘落地式与下蹲平衡式、英雄坐 / 173

1. 下蹲平衡式的动作 / 174
2. 下蹲平衡式的要点 / 174
3. 下蹲平衡式的功效 / 174
4. 英雄坐的动作 / 175
5. 英雄坐的要点 / 175
6. 英雄坐的功效 / 176

十、青龙探爪式与三角扭转式 / 177

1. 三角扭转式的动作 / 178
2. 三角扭转式的要点 / 178
3. 三角扭转式的功效 / 179

十一、卧虎扑食式与战士一式、骑马式、单腿下犬式 / 180

1. 战士一式的动作 / 181
2. 战士一式的要点 / 181
3. 战士一式的功效 / 182
4. 骑马式的动作 / 182
5. 骑马式的要点 / 183
6. 骑马式的功效 / 183

7. 单腿下犬式的动作 / 183

　　8. 单腿下犬式的要点 / 184

　　9. 单腿下犬式的功效 / 185

十二、打躬式与站立前屈伸展式 / 187

　　1. 站立前屈伸展式的动作 / 188

　　2. 站立前屈伸展式的要点 / 188

　　3. 站立前屈伸展式的功效 / 188

十三、掉尾式与猫伸展式、眼镜蛇扭转式 / 189

　　1. 猫伸展式的动作 / 190

　　2. 猫伸展式的要点 / 191

　　3. 猫伸展式的功效 / 191

　　4. 眼镜蛇扭转式的动作 / 191

　　5. 眼镜蛇扭转式的要点 / 192

　　6. 眼镜蛇扭转式的功效 / 192

附录一　筋膜链图 / 193

附录二　十二经筋图 / 202

后记 / 214

易筋经养生智慧

理论篇

一、什么是"易筋经"?

从字面意思来解释,"易"为"变易""改变""变换","筋"指"筋骨""经筋""筋膜","经"是"经典",简单来说,易筋经就是"变易筋骨、经筋和筋膜的经典导引术"。

二、为什么要"易筋"?

人体会出现"筋弛""筋挛""筋靡""筋弱""筋缩"等不健康的状况,"筋弛则病""筋挛则瘦""筋靡则痿""筋弱则懈""筋缩则亡",所以要通过锻炼,使"筋弛者易之以和、筋挛者易之以舒、筋靡者易之以壮、筋弱者易之以强、筋缩者易之以长",从而变得"筋壮""筋舒""筋劲""筋和",达到"筋壮则强、筋舒则长、筋劲则刚、筋和则康"的理想健康状态。

知道了"易筋"的目的和功用,大家更关心"易筋"的途径和方法,到底如何"易筋"呢?在漫长的历史岁月中,古人总结出来很多"易筋"的方法,其中最为大众所熟悉的是通过易筋经十二式的锻炼来变易筋骨。

顾名思义，易筋经的功效是"变弱为强""易病为康"。

三、"筋"指的是什么？

易筋经十二式在历史上流传已久，备受练习者信赖，坚持习练，效果显著。中国文化历来讲究"知其然，更要知其所以然"。有了好的锻炼方法，体会到了锻炼的益处，更应该刨根问底，弄明白易筋经"易筋"的原理是什么？

要搞清楚这个问题，首先需要明确"筋"指的是什么？

我们经常提到"筋"，但是"筋"在哪里？什么才是"筋"？猛一问可能还真一下子说不上来。其实口语化的"筋"，一般用在四个场景中。

第一个场景："筋长一寸、命长十年"的"筋"。

这里的"筋"指的是肌肉，确切地说是骨骼肌。骨骼肌的最基本功能是伸缩，以牵引关节做出各种动作。骨骼肌需要经常抻拉以保持伸缩力和弹性。杂技演员和体操运动员的身体可以做出常人做不到的弯曲度，就是因为肌肉的长度由于长期训练而得以尽力伸长的缘故。

第二个场景："抽筋"的"筋"。

这里的"筋"指的是"肌腱"。有些人在运动时或者睡眠中偶尔会抽筋，这时肢体被绷得紧紧的，用手在肢体上可以摸到一条硬硬的条状物，这个条状物就是肌腱，它一头连接骨头，一头连接肌肉，抗拉强度是肌肉的100多倍。

比如，在脚后跟可以摸到一根俗称为"大筋"的肌腱，它的学名叫跟腱；在手背对应五根手指有五条"指伸肌腱"……这些肌腱都属于"筋"，它们的特点是十分强劲有力，但没有伸缩性，一旦受损，很难恢复，很多职业运动员就是因为跟腱受伤而被迫退役的。

第三个场景："伤筋动骨"的"筋"。

这里的"筋"指的是连接骨头的韧带。韧带存在于人体关节处，是连接骨头和骨头的致密纤维结缔组织束，其作用是加强关节的稳定性，限制关节过度运动。运动不当，容易造成肌肉和韧带的拉伤。

第四个场景："青筋外露"的"筋"。

"青筋"指的是体表静脉，在血压增高的情况下体表静脉会膨胀，尤其是在颈部会更明显，我们经常可以看到有人在情绪激动的时候颈部青筋暴露得特别明显，这就叫"青筋外露"。

此外，武汉理工大学体育部教授王林博士提醒我，我们经常使用"一根筋"这个词语，这也是一个有关"筋"的场景，是将物质化的"筋"进行了形象比喻，使此"筋"偏向了精神意识层面，应与第二个场景的"筋"有异曲同工之妙。

四、易筋经中的"筋"指的是"筋膜"

易筋经中的"筋"和上面四种场景中的"筋"并不一致。

易筋经中的"筋"指的是"包裹肌肉、支撑骨头的筋膜"。骨节之外，肌肉之内，四肢百骸，无处非"筋"，无处非"络"。这里的"筋""络"说的就是"包裹肌肉、支撑骨头的筋膜"。

筋膜是遍及全身的网络系统，属于结缔组织，可以分为浅筋膜、深筋膜、肌筋膜、内脏系膜及内脏筋膜等，从人体发育学的角度来看，全身的筋膜彼此紧密联系在一起，不可分割。

我们之所以能够肩扛重物、手提行李、奔跑行走、运动全身，是因为筋膜健壮挺拔，像一张有弹力的钢丝网约束和固定身体，使全身从头到脚形成了一个整体结构。

筋膜的作用是联络周身、通行血脉。在《黄帝内经》中，筋膜被称之为"经筋"。在现代医学中，由一个个筋膜串联而成的链条式或网状结构被称之为"肌筋膜链"或"筋膜网"。

经筋是十二经脉的附属部分，也称"十二经筋"，是经脉之气"结、聚、散、络"于肌肉、关节的体系，具有联络四肢百骸、主司关节运动的作用。经筋的结构具有其独特性，与十二经脉"手之三阴，从胸走手；手之三阳，从手走头"的循行方向不同，十二经筋不存在明确的走行方向。

经筋的分布特点为"结""聚""交""合"。"结"是指十二经筋均起于四肢末端，手六经之筋结于腕、肘、肩等关节，足六经之筋结于踝、膝、踵（足跟）、腘、髀（股骨与髋关节）等处。"聚"是指多条经筋聚集在某一部位，如足三阳之筋聚集在面部，足三阴之筋聚于生殖器，手三阴之筋结于胸膈部，手三阳之筋结于侧头部等。"交""合"是指不同经筋在分布过程中与属阴之经筋相"交"，与属阳之经筋相"合"，加强了经筋间的生理联系，如手少阴之筋"交太阴"，足阳明之筋"合少阳""上合于太阳"等。

经筋"结""聚"的特点使之成为关节活动、肌肉运动的结构基础，"交""合"的特点促使其能够相互影响、协调统一。

肌筋膜链、筋膜网是指肌肉、韧带及其相关软组织按照特定的层次和方向，以筋膜直接相连所形成的链条式、网状整体结构，对维持身体姿态和产生运动起着重要作用。

经筋具有沟通体表与内里的作用，如手、足阴经经筋多分布于胸腹和四肢内侧，手、足阳经经筋多分布于项背和四肢外侧，手三阴经经筋则均进入胸腔，足太阴经筋"循腹里，结于肋，散于胸中"。需要注意的是，尽管部分经筋循行进入体腔，但并不与脏腑产生直接的络属关系，只是在结构上提供支撑，这与经络直接内络脏腑有明显的区别。

对两者进行比较可以发现，无论是走向、形态还是功能、作用，经筋和肌筋膜链具有异曲同工之妙。

针灸、推拿、按摩、拔罐、刮痧等传统中医治疗技术的具体机制目前尚缺乏完全令人信服的科学诠释，但这些治疗手段的实施部位避不开全身的经筋或筋膜组织。新兴的一些中医治疗技术如微针、腹针、浮针、颊针等也与经筋及筋膜功能有着密切的关联，因此，中医经筋、经络学说如何同筋膜研究有效结合，可能是未来中医发展或中西医结合的一个有效契合点。

中国古人很早以前就非常智慧地展开了对"经筋""筋""筋膜"等的研究，完整提出了经筋、筋膜等理论，而现代科学在近几十年里才验证了这一实践和理论的正确性与实用性。

在中国古代的武学典籍中，系统论述筋膜理论的著作首推《易筋经》，这也是本书之所以尝试将现代筋膜理论与传统锻炼方法相结合的重要原因，希望以此为发端拓展思路、开辟新局。

从筋膜的角度来认识以易筋经为代表的传统导引术，认识我们习以为常的人体运动，可以更宏观、更全面地认识自己的身体结构、运动能力和锻炼效果。

五、筋膜的作用

筋膜就像固定树木的支架和固定桅杆的绳索，骨骼如同树木和桅杆，如果没有绳索，树木和桅杆就不能挺立起来；肌筋膜链和筋膜网如同一根根绳索结成的网，如果没有这张网，骨骼只会散落一地。

当一个人步履蹒跚、手抖拿不稳筷子，这就是"老态"，再加上向前探着头、佝偻着身子，就是"老态龙钟"。从筋膜角度来看，衰老与筋膜弹性、韧性及弹力的降低有关。

筋膜可以影响细胞的活性，筋膜状态好是一个人年轻态的表现，衰老是一种不可抗拒的自然规律，筋膜会随着年龄的增长而衰老。筋膜为细胞提供营养，提供维持细胞活动的空间，并帮助细胞传递信息。可以这么说，由全身结缔组织所构成的筋膜网是细胞发挥正常功能的主要"土壤"。

筋膜学里有一个理论，筋膜与筋膜之间相互摩擦可以提高筋膜的温度，当温度达到40℃时会激活筋膜内的干细胞活性。干细胞的主要作用是提高人体免疫力。干细胞最丰富的时期是人的幼年时，年纪越大，干细胞的数量就越少、活性就越低，但适当运动可以增加干细胞数量，增强干细胞活性。

筋膜→干细胞→免疫力，三者之间存在递进的逻辑关系，从动作特点、运动形式、运动强度等进行分析，易筋经锻炼刺激筋膜从而有效提高免疫力的作用更加突出。

在易筋经动作导引中，配合着匀、细、深、长的逆腹式呼吸的慢练，在缓慢抻拉、扭转中可以有效提高筋膜的温度，进而提高人体免疫力。这是以易筋经为代表的中国传统养生功法治疗慢性疾病、提升人体机能的机理。

六、从筋膜角度认识"逆腹式呼吸"和"收腹敛臀"

在"导引治未病丛书"的《八段锦养生智慧》和《呼吸的养生智慧》两本书中，我主要从中国传统文化的角度解释了逆腹式呼吸（吸气收腹、呼气还原）的作用，现在再从筋膜学说的角度来分析逆腹式呼吸的原理。

呼吸运动是人体最重要的运动，是生命最重要的体征，为了维持和保障呼吸可以持续进行，人体有很多肌肉都具有辅助呼吸的功能，详见《呼吸的养生智慧》一书中"吸、呼、呼"呼吸法章节。

当把呼吸作为一种训练手段或内容时，人们称其为呼吸训练。长期以来，呼吸训练一直作为一种经济、安全、实用的方法和手段，在发声训练、放松训练、医疗康复、心理训练，以及某些心理疾病的治疗中被广泛应用。

自1938年美国人索利（Soley）和肖克（Shock）最先提出腹式呼吸训练治疗的概念以来，腹式呼吸在医疗康复领域已经作为有效的康复治疗手段被大量运用和研究，众多研究已证实腹式呼吸训练对低通气综合征、原发性高血压、慢性阻塞性肺病（COPD）、功能性消化不良等都有良好效果。此外，腹式呼吸训练对考前紧张焦虑综合征、银屑病等也有一定作用和效果。

从现代运动训练的角度来看，呼吸训练包括两大方面的训练和运用：一方面是以呼吸肌训练为主；另一方面以调整和改变呼吸方式为主。

从呼吸方式来说，逆腹式呼吸的运动强度最大，顺腹式呼吸其次，胸式呼吸最小。这是因为从人体解剖学来看，除了膈肌、肋间外肌是固有吸气肌，以及肋间内肌和腹壁肌是固有呼气肌外，其余肌肉均是辅助呼吸肌，这些辅助呼吸肌只有在用力运动和超常负荷时才参与呼吸运动。

按吸与呼的功能细分，辅助吸气的肌肉包括胸小肌、胸大肌、前锯肌、后上锯肌、棘横肌、肋提肌、胸锁乳突肌、斜角肌、菱形肌、背长伸肌、腰方肌等。

辅助呼气的肌肉有腹直肌、腹横肌、腹内斜肌、腹外斜肌、盆底肌、提肛肌、坐骨尾骨肌、胸横肌、腰方肌、后下锯肌等肌肉。

在呼吸时，躯干的许多骨骼也参与运动，包括胸廓、肋骨、脊柱、胸椎、骨盆、肩胛带（肩胛骨、肱骨、锁骨）等。

此外，还有一些肌肉的起止点完全或部分与固有呼吸肌——膈肌的起止点相同，共同指向了第 12 胸椎。这些肌肉包括髂腰肌的腰大肌部分最上一节、背阔肌上节、斜方肌下部、下后锯肌，因此这些肌肉也参与呼吸运动。

逆腹式呼吸是膈肌下降幅度最大的呼吸方式，动员了躯干内部尽可能多的肌肉参与呼吸运动，这些肌肉之间通过筋膜相互串联的形式形成了一张巨大的"筋膜网"，在一吸一呼之间产生"缩短—拉长"的弹性蓄能作用，可以很好地锻炼内脏深层肌肉。

对缺乏必要体力活动的人群来说，内脏深层肌肉不容易锻炼到，一旦"不用则废"，内脏器官就失去了肌肉的保护，出现下垂、松弛、膨胀等不良情况，使人大腹便便、体态臃肿。

同时"筋膜网"的一张一弛、松紧结合可以对内脏器官产生最大的作用力，就像在给内脏进行按摩挤压一样，可以充分发挥脏器的生理作用。

不管是静止还是运动时，在逆腹式呼吸过程中，内脏筋膜网与"前深线""后表线""体侧线"等十二条肌筋膜链之间通过筋膜互连的形式协同作用，激活人体肌肉，特别是平时不常用到的小肌肉群，使人体姿态更加放松、中正、挺拔。

鉴于以上原因，我们提倡在平时生活中及运动时都使用逆腹式呼吸。

易筋经锻炼同样建议使用逆腹式呼吸。具体方法详见《八段锦养生智慧》和《呼吸的养生智慧》二书。

需要注意的是，在易筋经锻炼中有一些动作需要配合

"鼻吸口呼",在"口呼"时对口型和发音有特定要求。比如有些版本的易筋经中,有"吸气不呼"的练功口诀,"不呼"不能理解为"憋气"或者"屏息",其实这句话指的是"鼻子吸气不呼气""鼻吸口呼"的意思。

另外,一般在使用逆腹式呼吸的同时,还要求提肛、收腹、敛臀,不管是练习易筋经还是八段锦、太极拳都要求如此,这也与"筋膜"关系密切。

我经常用《道德经》中"虚其心、实其腹"这句话指导锻炼,所谓"实其腹",意思是腰腹部要沉实。

腰腹部是人体的枢纽和中心,下肢的支撑功能与上肢的精细活动两种不同的力学要求在腰腹部汇集。

腰部肌肉主要有髂腰肌、腰方肌、竖脊肌等;腹部肌肉主要有腹直肌、腹外斜肌、腹内斜肌和腹横肌;胸腔和腹腔之间有膈肌;骨盆底部由会阴浅横肌、耻骨直肠肌、耻骨尾肌、肛门外括约肌等组成盆底肌,以维持盆腔稳定;膈肌、盆底肌与腰部、腹部肌肉一起附着在肋骨、脊柱、骨盆上,形成了一个不规则柱状的筋膜弹性结构,这些肌肉协同运动,才能保持腰腹部的稳定和沉实。

逆腹式呼吸使膈肌的升降幅度变得更大,同时膈肌力量也发挥得更充分;提肛、敛臀使盆底肌上提收紧,像船锚一样起到了固定骨盆的作用;膈肌和盆底肌上下协同,让夹在中间的腰部和腹部肌肉获得了更多弹性,使腰腹部的肌肉能够像弹簧一样发生"拉长—收缩"的弹性变化,为四肢动作提供了更多动能,也诠释了"力主宰于腰"的生物力学原理。

躯干分为上部胸椎和下部腰椎两部分，下部腰椎显然有更强的稳定性要求与功能，这种需求和功能由位于腰腹部的肌肉来承担。另外，因为腰部的运动相对灵活，动作幅度大，受力强，并且运动模式复杂，所以腰部容易出现损伤，尤其腰骶部处于活动幅度较大的脊柱腰段与活动甚微的骨盆交接处，又同时位于腰段生理前凸与骶尾生理后凸的交接处，运动时的杠杆作用较大，所以更容易受伤。不论行走、站立、劳动或坐位时，腰骶部关节都处在运动和负重状态。因此，维持腰骶部关节稳定的关节囊、韧带、肌肉等容易损伤。

腰腹部的稳定性一方面来自腰腹部肌肉的工作，另一方面来自由于逆腹式呼吸而引起的腹腔压力的改变。为了避免腰骶部过度受力，不管是在练习时，还是在日常生活中，都应该养成收腹、敛臀的好习惯。

除了屈伸和旋转作用外，躯干还有一对重要的作用，即稳定和杠杆作用。腹内压的增加可以更好地帮助下肢力量向上肢传导，起到传力和杠杆作用，为躯干提供力量和平衡，保证力量向四肢肌肉的有效传递。

当腰腹部的肌肉僵硬时，就不能提供稳定性和杠杆作用，其他部位的肌肉就会失去"支点"，从而需要为自己寻找支点而发力，就会出现一系列的过度用力，也就是说全身肌肉"乱作为"，造成全身动作的紧张不协调。

腰腹部的肌肉放松下来以后，筋膜才能相互关联，肌肉才能协同发力，才能最大限度发挥出"整劲"。

太极拳讲究"松"的原因是为了避免腰腹部肌肉僵硬，进而造成全身肌肉的紧张。太极拳中将"力由脊发"的用力方式表达为"根于脚、发于腿、主宰于腰、形于手指，由脚而腿而腰，总须完整一气"，实际上是在讲全身筋膜的高度协同用力。太极拳拳谚中"腰催肩、肩催肘、肘催手"的表述，强调了"腰与脊"这个核心区是力之源。

易筋经锻炼除了具有上述共性特点以外，更讲究"刚柔相济""显刚隐柔""寓松于刚"，所以易筋经的动作特征是"抻筋拔骨"，动作表现相较于八段锦、太极拳等另具特色，这也是有人把易筋经称为"中国瑜伽"的原因所在，在本书的"拓展篇"中，将易筋经十二式动作与相似的瑜伽动作进行了对比，并补充了某些版本易筋经中一些动作的不同练习方法，以抛砖引玉，希望借他山之石攻玉。

但不管易筋经的动作特征如何，在锻炼过程中逆腹式呼吸与提肛、收腹、敛臀的要求与其他功法并无本质区别，都是筋膜学说在练习要领中的生动体现。

七、从筋膜角度认识太极推手

从筋膜学说的角度重新认识易筋经、八段锦、太极拳，甚至太极推手，将更有助于我们理解易筋经的锻炼要领，理解传统太极拳论中"听劲""懂劲"等术语的真实含义，并引导我们从太极推手反思易筋经的锻炼方法。

太极推手以四两拨千斤、发人如弹丸、弹指一挥跌丈外、身体微动彼落空的技艺被人所称道。

太极推手的实质是信息在筋膜中的传递与反馈。推手双方是信息的载体，在信息输出与反馈的过程中，双方通过身体姿势和动作的改变，不断调整控制与反控制的精确度，并通过信息往复传递达到控制与反控制的目的。

在推手过程中，双方精神集中，仔细观察、感觉，尤其是通过身体触觉，准确判断对方力量的大小、方向、缓急，以便及时做出反应，称为"听劲"。

太极推手要求知己知人，后发先至，一切从客观实际出发，急则急应，缓则缓随，审时度势，因势利导，其基础全在于"听劲"技巧。

人体筋膜网里有毛发、皮脂腺、汗腺、血管，以及负责感知压力、触碰、运动和温度的众多神经末梢和感受器，所以筋膜是一个独立的感觉器官，它汇总全身信息并提供给大脑，大脑再把这些信息及时反馈给肢体，这种反馈极其迅速，远超大脑反应的速度，所以被称作"直觉""第六感"。

直觉就是在没有思考的情况下，立刻就知道某件事的能力。直觉是一种经验判断，在太极推手中称为"懂劲"。

"听劲""懂劲"的物质基础是"筋膜"。

在太极推手中，素有"摸劲"一说，"劲"无形无影，可以"摸"得出来吗？用什么"摸"呢？用的是人的本体感觉。

本体感觉分为三个等级，第一等级是肌肉、肌腱、韧带及关节的位置感觉、运动感觉、负重感觉；第二等级是前庭的平衡感觉和小脑的运动协调感觉；第三等级是大脑皮质综合运动感觉。

第一等级的神经感觉传输速度为20～30毫秒（骨关节+肌肉）。

第二等级的神经感觉传输速度为50毫秒（小脑+前庭）。

第三等级的神经感觉传输速度为100毫秒（中枢+视觉）。

通过筋膜张力的变化来感知对手，这就是"摸劲"，然后调整自己骨骼、肌肉的位置，这就是"懂劲"。这种调整比大脑反应的速度更快，所以才被称为"直觉"。

易筋经抻筋拔骨的动作特征强调用"暗劲"来完成动作，如练功口诀"鼻息调匀，用力收回"中的"用力"指的就是"劲"或"暗劲"。打个比喻，耕牛身上的力量是"力"，而虎豹身上的力量是"劲"，虎豹可胜牛马，因为劲是"活"的、整体的，而力是"僵"的、局部的，劲是放松才有、力是紧张才有，所以"劲"胜"力"。

暗劲指的是在肢体放松前提下，由意念引导的全身协调用劲。包括易筋经、太极拳在内的中国传统体育，其核心要义是把人体作为一个高度精密的整体来看待，人体任何一个组织、器官和系统都是这个整体中相互联系、相互作用、不可分割的组成部分，其中任何一个部分的变动都会引起整体的改变，而整体之所以能够成为整体，是依靠筋膜把人体各个部分整合在了一起。

易筋经通过使用暗劲，在筋膜作用下达到"周身一体"的锻炼效果，能够更好地发挥出人体的整劲，"一动无有不动"，使身体的感觉更敏锐、更直接、更有效刺激大脑，大脑中枢再去调节肌肉、骨骼、关节的形态、位置，让锻炼者产生放松愉悦的练功感受，沉浸其中、乐在其中，如此才称为"练养相兼"。

八、从筋膜角度认识"慢练"

在《呼吸的养生智慧》一书中，阐述了"慢练"与"慢呼吸"之间的关系。从筋膜角度看，在慢练过程中，身体更容易通过筋膜中丰富的神经末梢和感受器去感知运动器官的空间位置，进而主动调整全身筋膜的张拉结构，保证肢体在虚、实变化中保持动态平衡。

不管是八段锦、太极拳，还是易筋经、五禽戏，在练习过程中都讲究"一动无有不动""一静无有不静"，在慢中，身体才能充分感知筋膜的变化及其所引起的筋膜链或筋膜网的协同变化，通过链式或网式反应，在全身形成整体感觉，这种感觉称为"整劲"。

慢练时，在静态或动态的持续调整中，本体感觉（深部感觉）才能更好地发挥作用，比如人在闭眼时能感知身体各部的位置，这就是本体感觉在起作用。

王宗岳先生在《太极拳论》里提到了"一羽不能加，蝇虫不能落，人不知我，我独知人"的习练目标，其实说的就是筋膜反应的灵敏性和整体性，一个部位的微小受力可以引起全身的连锁反应。虽然很多人认为这种说法神乎其神，但是从筋膜学说的角度来看，理论上是可行的。

在慢练中，能更好地通过筋膜去感知身体的细微变化，增强反应的灵敏性和整体性。因此，易筋经锻炼同样提倡"慢练慢呼吸"。

在慢练中，能更好地通过灵敏性的提升体验气机的运行变化情况，有利于提高动作转换的正确衔接，有利于更好地养气，有利于敏感觉知能力的提升，有利于培养三调合一的境界。

从筋膜角度认识"慢练"，离不开调形、调息和调心，在形不断、气不断、意不断、觉不断的慢练中，慢慢动作，默默体察。在悉心体察的功境中，越慢越有味。当进入这种境界状态的时候，其实动作是不是标准甚至是不是正确都已经是次要的了，因为这已经是练功不重形式而重内在境界状态的阶段了。

　　江苏省镇江市史志办公室的丁秋波老师认为，上文说的整体性在传统养生文化中称为"功夫成片"。内在境界的连续不断谓"功夫成片"，神气形结合为整体的觉知不间断谓"功夫成片"，随时随地都保持着的这个内在境界状态谓"功夫成片"。宋元时期的丹道宗师李道纯认为，"身心合一，神气混融，性情成片，谓之丹成"。这个"丹成"即为"功夫成片"，是全时保持的整体性境界。《道德经》中的"载营魄抱一，能无离乎？"，其意为人的精神和肉体抱团为一，而须臾不可分离，这就是"功夫成片"，即整体性。

九、从筋膜角度理解易筋经的锻炼要领

　　我们经常用"抻筋拔骨"这个词来描述易筋经的动作特征，易筋经注重抻拉、注重松紧变化，在缓慢抻拉、松紧结合、左右对称的运动中，筋膜既可以感知全身组织器官的位置，又可以适时调整身体的骨骼结构，使全身筋膜链网处于动态平衡之中。

　　"抻""拔"是紧，有紧才能体现出松，不能把"松"理解为"不用力"。"不用力"是"懈"而不是

"松"、"不用力"就无法做出肢体动作，所以"松"指的是肌肉在放松状态下的用力，这时肌肉松，但筋膜紧。

筋膜保持适度紧张，就像拉直的缆绳撑起了风帆，肌肉就像是风帆，风帆是因为绳索的牵引才舒展飘扬。肌肉放松了，关节才能放松，然后肌腱、筋膜才能放松，筋膜才能发挥"张拉整体"作用，筋膜网才能发挥"支架支撑"作用，此时就会感觉到全身仿佛"悬浮"在一个大水球中，太极拳谱中的"尾闾中正神贯顶，满身轻利顶头悬"说的就是这种感觉，"满身轻利"与"百会上领"密不可分，在易筋经中称作"提起筋骨，落下皮肉"。

"百会上领"是易筋经练习的一个重要原则，"领"指的是"领劲"，意思是"劲贯头顶百会穴"，以意领劲，使头正、颈直，但不可用力上顶以免造成头僵脖紧。

就像提线木偶，头顶上提，从头顶到脊柱这条线就立起来了，这时四肢才能放松下来，这就形象地解释了什么叫"提起筋骨、落下皮肉"。

"收腹敛臀"是易筋经练习的另一个重要原则，从筋膜角度来看，肌筋膜链后表线从脚趾沿脚底部、下肢后部和躯干背部一直到头顶；下颌内收、百会上领；腹部内收、臀部内敛，可以让脊柱变得更加平直，后表线的力量传递也就更加充分，劲力"起于脚，主宰于腰，行于手指，发于脊背"的练功体验正是对这种力量传递方式的最好诠释。

十、筋膜与经筋的比较

经筋学说长于从整体观和辨证论治的角度指导治疗，肌筋膜链理论长于清晰定位、明确阐释人体运动机理，两者相得益彰、相互补充，这种互补性在易筋经中得到了充分的体现。

易筋经的运动方式是拉伸筋骨，目的是通过舒缓经筋、激发经气来调养脏腑、调畅气血。中医认为"筋"是"肉中之力，气之元也"，意思是说筋是运动的力量承担者。《医学入门》强调"人身运动皆筋力所为，肝养筋，故曰罢极之本"。

易筋经动作设计的思路，与肌筋膜链理论指导体态调整的思路非常相似。一方面，经筋学说综合分析了经筋与脏腑、气血的联系，每一动作都具有独特作用，体现了"辨证施动"；另一方面，肌筋膜链理论深入阐明了运动改良体态、防治疾病的确切机制。

太极拳谱说："气走于膜络筋脉，力出于血肉皮骨。故有力者皆外壮于皮骨，形也；有气者皆内壮于筋脉，象也……筋脉，用力于皮骨，大不相侔也。"《易筋经》说："然筋,人身之经络也。骨节之外,肌肉之内,四肢百骸,无处非筋,无处非络,联络周身,通行血脉,而为精神之外辅。"又说,"然此膜人多不识,不可为脂膜之膜,乃筋膜之膜也。脂膜,腔中物也。筋膜,骨外物也。筋则联络肢骸,膜则包贴骸骨。筋与膜较,膜软于筋;肉与膜较,膜劲于肉。膜居肉之内,骨之外。包骨衬肉之物也。"

《易筋经》关于筋膜的论述与现代筋膜学的研究成果高度一致。"拳起于易,理成于医",《易筋经》文本和易筋经十二式从筋膜角度深刻揭示了中国功夫的"内练"本质。

人体十二条筋膜链分别是后表线、前表线、体侧线、螺旋线、手臂线(上肢后表线、上肢后深线、上肢前表线、上肢前深线)、功能线(前功能线、后功能线、同侧功能线)、前深线(详见附录)。

后表线——像一个从脚底到头顶的盔甲,连接并保护身体的后表面,可分为脚趾到膝盖、膝盖到额头两部分。站立时膝盖伸直,后表线成为一条连续路线。

后表线可以限制向前屈曲的动作,但是当后表线功能出现障碍时,躯干会过度后伸。也就是说,后表线的所有功能是产生"伸直"与"过度伸直"。

前表线——下起自足背,上至头颅两侧的头皮筋膜,连接人体的整个前表面,可分为脚趾到骨盆、骨盆到头部两部分。

前表线的运动功能包括使躯干和髋关节屈曲、膝关节伸展、足背屈。

前表线以快速反应为主，后表线以耐力为主，两者的这种互相作用可以通过一方收缩时另一方被拉长而体现出来。

体侧线——位于身体两侧，起自足内侧与外侧的中点，从踝外侧上行，经小腿和大腿的外侧面，以"篮纹编织状"或"鞋带交叉"方式上行至躯干，由肩部下方上行至头颅的耳部区域。

体侧线能调整身体前后平衡和左右平衡，还能对其他表线（前表线、后表线、所有臂线、螺旋线）之间的力量进行调节。

体侧线通常以协调的方式来固定躯干和下肢，防止上肢活动时身体结构变形扭曲。

螺旋线——两条左右螺旋反向环绕身体的线，从颅骨两侧穿过上背部连接到对侧肩部，然后环绕肋部到身体前面，在肚脐水平交叉回到颅骨同侧髋关节。

螺旋线从髋部以"跳绳"的方式沿大腿前外侧，越过胫骨到内侧足弓，然后通过足底向上，经下肢后外侧到坐骨，然后进入竖脊肌筋膜，最终到达非常接近其起点的颅骨位置。

螺旋线的功能是将身体用两个螺旋环绕起来，帮助维持所有平面上的平衡，引起并调整身体的扭转和旋转，以及在离心和等长收缩时，稳定躯干和下肢以避免旋转崩溃。

手臂线——四条独特的肌筋膜线，始于中轴骨，穿过肩部的四个层面，止于手臂的四个象限和手的四个"边"，即拇指、小指、手掌与手背。除了有显著的、整齐的对称性外，其纵向连接中有更多的肌筋膜线"交叉"。

肘部扭伤可以影响到背部中段，而肩部不良姿势会产生明显的肋骨、颈部、呼吸等功能的受限。

功能线——从臂线开始，跨过躯干表面，延伸到对侧骨盆和下肢，也可以是从下肢延伸到骨盆，并跨越至对侧。其中，一条跨过身体的前侧，另一条跨过身体的后侧，左右两条线跨过躯干形成"X"形。第三条为同侧功能线，从肩部延伸到同侧膝关节内侧。该线很少发挥调控站姿的作用，故称为功能线。

前深线——在冠状面上位于左右两条体侧线之间，在矢状面上位于前表线和后面线之间，其外层由螺旋线和功能线包绕着。前深线始于足底深层，沿小腿后侧经深层肌肉及筋膜向上，经过腘窝、股骨小转子、盆底、尾骨到达脊柱，沿脊柱深层肌肉及筋膜继续向上，止于脑颅和面颅的底部。

前深线对身体的支撑发挥了主要作用，提升内在弧度，稳定包括髋关节在内的下肢各段结构，从前方支撑腰椎，环绕并形成腹腔、盆腔，在呼吸活动中稳定胸腔，平衡脆弱的颈部和沉重的头部。

下表选取了人体的一些肌筋膜链，将其与十二经筋的走向及分布进行比较。

十二经筋和肌筋膜链的对应关系

经筋名称	肌筋膜链名称	经筋路线	肌筋膜链路线	备注
足太阳经筋	后表线	足太阳经筋，起于足小趾，上结于踝，邪上结于膝。其下循足外侧，结于踵，上循跟。结于腘。其别者，结于踹外，上腘中内廉。与腘中并上结于臀。上挟脊上项。其支者，别入结于舌本。其支者，结于枕骨，从头到额的中央，结于鼻。其支者，为目上网，下结于頄。其支者，从腋后外廉，结于肩髃。其支者，入腋下，上出缺盆，上结于完骨。其支者，出缺盆，邪上出于頄	后表线起于足底，向上至腿后方和骶骨，沿背部上行至颅骨，过颅骨至前额。后表线连接并且保护着整个身体的后表面，可以分为脚趾到膝盖和膝盖到额头两个部分。后表线经过足底筋膜及趾短屈肌、跟骨、腓肠肌及跟腱、股骨髁、腘绳肌、坐骨结节、骶结节韧带、骶骨、腰骶部筋膜及竖脊肌、后头脊、帽状腱膜及颅顶筋膜	后表线属于人体主线。足太阳经筋与后表线的循行路线大体上重合，皆在人体背部起于足而止于头，皆具有向心性

（续表）

经筋名称	肌筋膜链名称	经筋路线	肌筋膜链路线	备注
足少阳经筋	体侧线	足少阳之筋，起于小趾次指，上结外踝，上循胫外廉，结于膝外廉其支者别起外辅骨，上走髀，前者结于伏兔之上，后者结于尻。其直者上乘季胁，上走腋前廉，系于膺乳，结于缺盆；直者，上出腋，贯缺盆，出太阳之前，循耳后，上额角，交巅上，下走颔，上结于頄；支者，结于目眦为外维	体侧线起于足底（足内侧和足外侧的中点），从踝外侧上行至腿外侧和躯干侧面（经过小腿和大腿的外侧面，以相互交叉的方式上至躯干），由肩关节复合体下方至颈部和头颅侧面 体侧线起止第1和第5跖骨底部经腓骨肌和小腿外侧间隔、腓骨头、腓骨头前韧带、胫骨外侧踝、髂胫束与外展肌群、阔筋膜张肌、臀大肌、髂脊、髂前上棘、髂后上棘、腹外斜肌、肋骨、肋间外肌和肋间内肌、第1和第2肋、头夹肌和胸锁乳突肌至后头脊与乳突	体侧线属于人体主线 体侧线功能是调整身体前后和左右的平衡，同时它还能对其他表层线（前表线、后表线、所有手臂线、螺旋线）之间的力量进行调节

（续表）

经筋名称	肌筋膜链名称	经筋路线	肌筋膜链路线	备注
足阳明经筋	前表线	足阳明之筋，起于中三趾，结于跗上，邪外上加于辅骨，上结于膝外廉，直上结于髀枢，上循胁属脊。其直者，上循骨干，结于膝，其支者结于外辅骨，合少阳。其直者、上循伏兔，上结于髀，聚于阴气，上腹而布，至缺盆而结。上颈，上挟口，合于頄，下结于鼻，上合于太阳。太阳为目上网，阳明为目下网。其支者从颊结于耳前	前表线起于足趾前端，上行腿前，再上行躯干至胸骨，经颈侧至头骨后侧 前表线连接人体整个前表面，可分为脚趾到骨盆和骨盆到头部两部分 前表线起于跖骨背面经趾短伸肌、趾长伸肌、胫骨前肌、小腿前侧肌间隔、胫骨粗隆、髌下韧带、髌骨、股直肌、股四头肌、髂前下棘、耻骨结节、腹直肌、第5肋、胸骨肌、胸肋筋膜、胸骨柄、胸锁乳突肌、乳突至头皮筋膜	前表线属于人体主线

(续表)

经筋名称	肌筋膜链名称	经筋路线	肌筋膜链路线	备注
足太阴经筋	前深线	足太阴经筋起于大趾之端内侧,上结于内踝,其直者,结于膝内辅骨,上循阴股,结于髀,聚于阴器,上腹,结于脐;循腹里,结于肋,散于胸中。其内者着于脊	前深线起于脚掌深部(足底深层),上行腿内侧至髋关节的前面,穿过骨盆至脊柱前侧,上行经过胸腔至下颚和颅骨底部	前深线属于人体核心线
足少阴经筋	前深线	足少阴经筋起于小趾之下(入足心),并太阴之筋,邪走内踝之下,结于踵,与太阳之筋合而上结于内辅之下,并太阴之筋而上,循阴股,结于阴器,循脊内挟膂,上至项,结于枕骨,与足太阳之筋合	前深线是身体肌筋膜的核心,沿小腿后侧上行、从膝后方到达大腿内侧后,其主要轨道走行于髋、骨盆及腰椎前侧,另一轨道走行于大腿后侧,向上通过骨盆底部,两条轨道在腰椎汇合,从腰大肌-横膈交界开始,分数条支线向上围绕并经过胸部的脏器,终止于脑颅和面颅的底部	
足厥阴经筋	前深线	足厥阴经筋起于大趾之上,上结于内踝之前,上循胫,上结内辅之下,上循阴股,结于阴器,络诸筋		

（续表）

经筋名称	肌筋膜链名称	经筋路线	肌筋膜链路线	备注
手太阳经筋	上肢后表线	手太阳经筋起于手小指之上，结于腕背；上沿前臂内侧，结于肱骨内上髁后，上行结于腋下	上肢后表线起自枕骨嵴、胸椎棘突，经斜方肌、三角肌过肩膀，沿外侧肌间隔、指伸肌群经手臂外侧至手指背面侧。上肢后表线控制手臂在外侧后方处移动，如向后引拍的网球动作，动作幅度是受限的，此外上肢后表线还控制肩和手臂的上举	上肢后表线属于手臂线
手阳明经筋	上肢后表线	手阳明经筋起于食指桡侧端，结于腕背部；向上沿前臂，结于肘外侧；上经上臂外侧，结于肩峰部		
手少阳经筋	上肢后深线	手少阳经筋起于无名指端，结于腕背，沿臂上行后结于肘尖部位，又经上臂外侧上肩、颈，与手太阳经筋相合	上肢后表线起自胸椎上部的棘突和隆椎，过菱形肌、肩胛提肌、肩袖肌群、肱三头肌，沿尺骨骨膜筋膜至过尺侧副韧带至小鱼际肌群到小指。为手臂后侧提供稳定性	上肢后深线属于手臂线

29

（续表）

经筋名称	肌筋膜链名称	经筋路线	肌筋膜链路线	备注
手少阴经筋	上肢前表线	手少阴经筋起于手小指内侧，结于锐骨（豆骨）。上沿臂内侧，结于肘部内侧，上行进入腋内，与手太阴经筋相交，伏行乳内，结于胸中，沿膈（贲）向下，联系于脐部	上脚前表线起于胸骨和肋骨，向下经过胸大肌、背阔肌、内侧肌间隔、指屈肌群再到手掌。上肢前表线控制着手臂在身体前面与侧面的大范围动作	上肢前表线属于手臂线
手太阴经筋	上肢前表线	手太阴经筋起于手大指之端，沿指上行，结于鱼际之后，行寸口脉外侧，沿臂上行结于肘中，向上经上臂内侧，入腋下，出缺盆（锁骨上窝），结于肩髃前，其上方结于缺盆，自腋下行的结于胸里，散布于膈，与手厥阴经之筋合于膈下，抵于季胁		

（续表）

经筋名称	肌筋膜链名称	经筋路线	肌筋膜链路线	备注
手厥阴经筋	上肢前深线	手厥阴经筋起于中指，与手太阴经筋并行，结于肘部内侧，上经上臂的内侧。结于腋下，分支进入腋内，散布于胸中，结于膈部	上肢前深线起于肋骨，向下经过胸小肌、胸锁筋膜、肱二头肌、桡骨骨膜、桡侧副韧带、大鱼际肌群到拇指。主要保持手臂稳定性，通过此筋膜线控制上半身左右侧的运动，同时还可以通过对拇指的控制来改变手部角度及抓握力	上肢前深线属于手臂线

十一、易筋经是锻炼筋膜的首选

筋膜有一种特性是随"力"而变。只要身体承受力度的变化（如拉扯与按）就会对筋膜发生作用。换句话说，药物或补品对筋膜来说是没用的，唯有力的刺激，才可能使筋膜产生反应。

针灸、推拿、按摩、整脊、震动、敲打等疗法，都是通过施加外力来刺激筋膜，已经在实践中证明确实有疗效。

但外力施加的筋膜刺激存在时间短、范围窄、不方便等弊病，所以更好的刺激筋膜方式是通过自身的运动来施加筋膜刺激。

易筋经之所以是锻炼筋膜的首选，这是因为：第一，易筋经更强调虚实转换、松紧结合；第二，易筋经动作强调抻拉、拧转，锻炼筋膜更加全面、细致；第三，易筋经易学易练、操作简便。

易筋经养生智慧

技能篇

一、起势

1. 动作说明

（1）并步站立，两手自然垂于体侧，下颌内收，百会上顶，沉肩虚腋，收腹敛臀，身体放松，目光内含，目视鼻尖（图1）。

（2）随着吸气，百会上顶；随着呼气，下坐屈膝（图2）。

图1　　图2

（3）随着吸气，重心移到右脚，提左脚向左开步；随着呼气，左脚从脚趾、脚掌到全脚依次着地，两脚平行，脚尖稍内扣，与肩同宽，重心移至两脚中间（图3）。

图3

（4）随着吸气，百会上顶带动双膝伸直；随着呼气，沉肩坠肘，全身放松（图4）。

图4

2. 动作要点

（1）始终保持两手自然垂于体侧，头正颈直，目光内含。目光内含不是低头下视，而是在保持头正颈直的情况下目视鼻尖；也可以"垂帘"，即眼睛"七分闭三分开"，留一道缝以避免昏沉。

（2）舌抵上腭、唇齿轻闭、鼻吸鼻呼，采用逆腹式呼吸，吸气收腹、呼气放松，调息绵绵、心息相依。

（3）身体下坐时，力点在尾闾，即尾骨尖与肛门连线中点，又名长强穴（见图），感觉到尾闾下沉，带动身体向下，从而屈膝。次序要清楚，不能因屈膝而下坐。

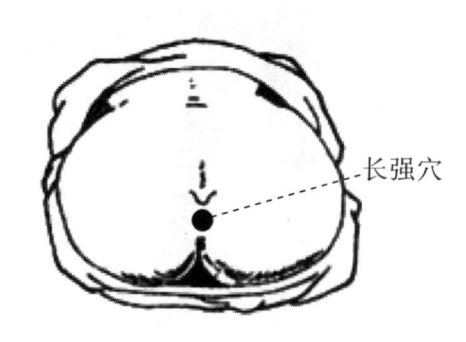

长强穴

（4）左脚提起时，应先将身体重心移至右脚，感觉左脚越来越松、越来越轻而自然提起，脚尖点地。左脚向左开步落地时，应大脚趾先着地，其余脚趾依次着地，然后前脚掌着地，最后全脚掌着地，再把重心过渡到两腿中间。

（5）起身时，力点在头顶百会穴，即囟门，在头顶正中，两耳尖连线的中点（见图），感觉到百会穴向上顶起，带动身体向上，从而双膝伸直，不能因为双膝伸直而起身。

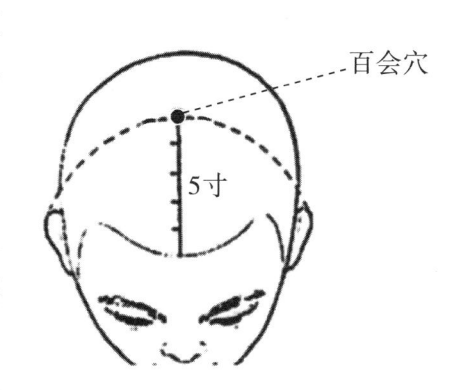

易筋经所有动作都要注意体会"头领身松"的锻炼要领。头领，即用头（百会穴）领周身，而不是用身体各部位的支撑力支撑周身，是用头（百会穴）之领劲把全身领起，领劲要达足跟，整个身体仿佛被吊起来。身松，即身体放松，自然下坠，不用支撑力，身体放松得好，头领之劲才能到达足跟。

（6）在并步站立和开步站立时，都要用意念引导全身放松，头颈、肩臂、胸腹、腰臀、大腿、小腿、双脚自上而下依次放松，各关节及内脏也要放松，做到全身松沉，心无杂念，神意内收。

（7）意念身体放松后，再做内观放松。内观泥丸（泥丸是道教对大脑的别称），感觉头脑清新，清莹如晨露；内观咽喉，感觉气息顺畅通达；内观膻中（胸口正中），感觉心胸开阔、神清气爽；内观中焦（三焦之一，主要指脾胃），感觉胃脘舒适、脾胃调和；内观气海（脐下1.5寸），感觉元气充沛、温煦融融；内观会阴（前后阴之间），感觉会阴放松、宽舒自然；内观涌泉（脚底正中），感觉无限生机自足下涌入，布满全身。

3. 动作功理

（1）古人讲天人合一，天地有门户，对应的人体也有元气出入的门户。头顶百会穴，就是人体的天门，而下身二阴之间的会阴穴就是人体的地户。古人讲"天门常开，地户常闭"，意为打开天门方便天地灵气进入，关闭地户防止人体精气从会阴泄露。

起势时百会上领的作用是"打开天门"，收腹敛臀的作用是"关闭地户"。

"天门要常开，地户要常闭"，如此才能使精气逆流而上，返精补脑，令人神清气爽、精气充足。

不管是站（站桩）、坐（打坐），还是动形，都要遵循"天门常开、地户常闭"的原则。

（2）人接受外界信息的最主要途径是眼睛，换言之，眼睛激发欲想，所以练功时提倡"目光内含"或"垂帘"，以"制心一处"，使神不外驰。闭眼容易导致昏沉，故要求"微闭"或"留一道缝（垂帘）"，使人能够神志清明。

4. 文化内涵

（1）"火"象征着阳气、能量。"火"字可以理解为"人"和双眼的组合。肝藏魂，魂白天在目、夜晚寓肝，在目能视、寓肝能梦；眼睛不仅可以反映出身体的健康状况，还是人体接受外界信息最主要的通道，通过调节眼神、保养眼睛，控制内心的欲望和波动，养肝养心，升发阳气，维护健康。

（2）所谓"长生不老"，可以理解为"逆生长"，即"复归婴儿"。在老子《道德经》中，"婴儿"是一个备受推崇的状态。老子说："常德不离，复归于婴儿""专气致柔，能如婴儿乎。"说明老子认为的"道"，就如刚刚出生的婴儿一样，柔若无骨，淡然无欲，听之不闻，视之不见，追求本真，纯净无瑕。婴儿的状态就是练功过程中应该具备并保持始终的状态。

（3）婴儿的囟门柔软未愈合，基于对婴儿状态的推崇，成年以后因练功而使囟门重新变软称为"开顶"或"开天门"，"摩顶""灌顶"等术语也有此意。

二、韦驮献杵第一式

立身期正直，环拱手当胸；
气定神皆敛，心澄貌亦恭。

1. 动作说明

（1）接上式。随着吸气，收腹扩胸，两肩上提；随着呼气，两肩后转下沉（图5、图6）。

图5　　　　图6

（2）随着吸气，两臂自然伸直向前、向上提起，手心相对、拇指向上至与肩同高（图7、图7附图）；随着呼气，沉肩坠肘，屈肘两掌回收，边收边合，至胸前合掌，掌根与胸口同高，掌心涵空，手指斜向上（图8、图8附图）。

图7　　　图7附图　　　图8　　　图8附图

2. 动作要点

（1）两臂向前、向上提起时，拇指领劲；同时，身体重心微微前移，身体犹如风中之树，随风而摆，放松自然；两臂回收合掌时，身体重心微微后移，身随臂动。

（2）掌心涵空，腋下虚空，感受到两臂及肩胛部宽松舒适成环状。

（3）始终保持舌抵上腭，鼻吸鼻呼，采用逆腹式呼吸，目光内含，目视鼻尖。

3. 动作功理

（1）本式动作的传世口诀有二：一为定心息气，身体立定，两手如拱，心存静极；二为立身期正直，环拱手当胸，气定神皆敛，心澄貌亦恭。

（2）两手合十，立身期正直，环拱手当胸，这是对"调身"的要求；气定神皆敛，心澄貌亦恭，这是对"调息"和"调心"的要求。

"合十当胸"，两掌与两乳正中的膻中穴相对（见图），能使人体气机升降开合的位置适中，使呼吸有度，从而达到"气定"的要求。气机能定，则心境澄清，神意内敛。

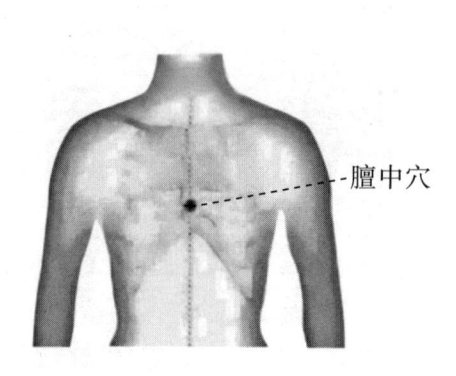

（3）韦驮献杵第一式的要点是："三调合一"，眼观鼻，外观；鼻观心，内观；使内外合一、身心一如，身、息、心融为一体，达到收视返听、凝心入静的境界。

（4）肺主均衡。通过呼吸吐故纳新，使阴平阳秘，可以平衡阴阳。所谓"形不正则气不顺、气不顺则意不宁"，扩胸提肩、后转下沉，可以刺激手太阴肺经云门穴，即锁骨下窝凹陷处、中府穴，即锁骨下窝外侧（见图），配合拇指向上带领手臂上提，可以调理手太阴肺经，畅通全身气机。

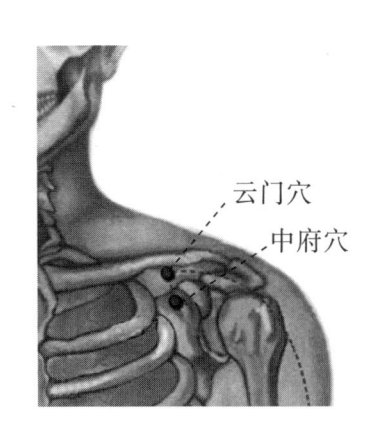

（5）气为血帅。气到则血至，气行则血随，练呼吸能促进血液循环，使气血平衡，进而达到阴阳平衡。肺经终于拇指少商穴，即拇指末端桡侧、指甲根角侧上方0.1寸（见图），少商穴是肺经的井穴，井穴又名根穴，是阴阳交会之处（手太阴肺经和手阳明大肠经交会处），有通血活络、醒脑宁神之效。

拇指向上的实质是少商穴领劲，意在少商，体现了"肺朝百脉、主一身之气"的锻炼目的。

（6）从姿势角度来看，起势和本式动作的特点是中正安舒；从筋膜学说和中医骨伤科的角度来看，其特点为筋骨平衡。

"筋骨平衡"是中医骨伤科认识疾病的基本观点之一，是治疗骨伤科疾病的基本思路。骨骼作为结缔组织中的重要一员，与全身的筋膜一起构成了人体的基本形状，并通过相互之间的作用，构架出了人体的形态。

举个例子，脊柱的椎骨和椎间盘是船的桅杆，骶骨和骨盆复合体是船身，脊柱周围的骨骼肌和筋膜是船帆，帆保持着张力，桅杆才耸立、船身才平稳，三者之间达到了"动态平衡"。

肌肉与筋膜是对立统一的整体，"松"指的是肌肉要放松，"紧"指的是筋膜要紧。只有筋膜松而不懈、适度紧张、保持张力，肌筋膜链、筋膜网才能发挥"支架"作用，肌肉才能彻底放松，关节才能对拉拔长，神经才能松弛安逸，肢体才能轻灵圆活。

这两式动作可以理解为两个"定势桩"，在静中体会轻、重、浮、沉的身体感觉，骨升肉降、节节贯穿、节节拔开，沉如水洇沙、浮如气蒸腾，前去之中必有后撑……这些感觉产生于意念主导下对肌肉、关节、筋膜的调控，是全身筋膜调整以后在大脑神经中的反应，也是全身筋膜（特别是前表线、后表线、体侧线、螺旋线、功能线）恢复到最自然、最放松状态的一个体现。

4. 文化内涵

（1）韦驮是佛教的护法神，进了寺院，对着山门的是天王殿，里面供着弥勒佛，立在弥勒佛背后的就是韦驮。韦驮面如童子，身穿盔甲，手持武器，面对大雄宝殿。面如童子表示韦驮对佛教怀有赤子之心；韦驮手中的武器称为"杵"，杵的全称是"金刚降魔杵"，手持杵表示有能力摧邪辅正、除魔卫道。

（2）据说韦驮拿杵的姿势有3种（见图），各有含义。

第一种，韦驮双手合十，杵横在胸前，表示欢迎外来的僧人在这个寺院挂单常住，这是十方丛林寺庙标志之一。

第二种，杵触地而立，暗示这个寺院资金、物资雄厚犹如大地，能够承受外来僧人在这个寺院挂单常住，也是十方丛林寺庙标志之一。

韦驮拿杵的3种姿势

第三种，杵扛于肩上，表示此寺为子孙寺庙，不欢迎外来的僧人在这里挂单常住。

（3）合十也称合掌，是最为常见的佛家礼节。十指合于心口，即所谓"十指连心"，表示诚心诚意。

平时十指散乱，代表散乱的妄心，合掌时合于一处，代表一心，即所谓"制心一处，无事不办"。左右手五根手指两两相抵，掌心相对立于胸前，表示十法界归于一心，心外无物。

平时我们习惯了分左右手，在佛家看来这是一种分别心。合掌时合二为一，表示无分别心。

合十时两掌掌背略微弯曲，两掌掌心中间形成空洞，表示"空"；十指代表东、南、西、北、东南、西南、东北、西北、上、下十方，合十代表十方所有庄严佛土，指空间；同时双手手掌纵向竖立，代表三世，指时间。

人的一生，握固而来，撒手而去。生而握拳，代表手的功用就是抓取外物，是贪；手可以伤人损物，是嗔；握住不放松，是痴。双手合拢，掌心相向，表示止住"贪、嗔、痴"三毒。

左右手分别代表愿和行，愿行合一才能成就圆满，这是一种祝愿也是自我鞭策。

（4）《八段锦养生智慧》一书中讲解"攒拳怒目增气力"时，讲到了"握固"手型和"十二地支手诀"。其中"十二地支手诀"与道士见面行礼的拱手礼相关，其要点是左手抱右手、负阴以抱阳，内掐子午诀、外呈太极图（见图）。

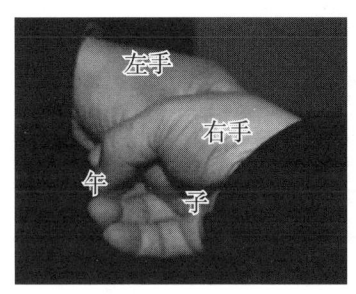

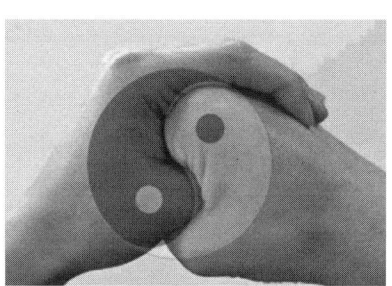

双手虎口交叉，形如"太极图"；左手大拇指插入右手虎口内，掐在右手无名指的根节（代表子），右手大拇指掐在右手中指梢节（代表午），称为内掐"子午诀"。

左手其余四指抱右手，因为道教认为左手代表善、右手代表恶，左手抱右手意味着"护佑众生"。

（5）有些易筋经流派把本式动作称为"拱手献杵式"。有些书上把本式动作的口诀写作"环拱平当胸"，如果把"手"换成"平"，犯了三平尾之忌，在平仄律上属于严重错误，故应为"环拱手当胸"。

三、韦驮献杵第二式

足趾柱地，两手平开；
心平气静，目瞪口呆。

1. 动作说明

（1）接上式。随着吸气，抬肘，转掌心向下，指尖相对，两上臂、前臂放平；随着呼气，两掌转指尖向前慢慢推出，至手臂伸直，与肩同宽（图9、图10、图10附图）。

图9

图10 　　　　　　　　图10附图

（2）随着吸气，直臂向两侧伸展，至两臂成一条直线，与肩同高，手心向下、手指向外；随着呼气，沉肩坠肘，立掌，手指向上、手心向外，手臂伸直，掌根外撑，掌背尽量与前臂垂直；舌抵上腭，两侧槽牙咬紧，眼睛睁大，目视前方（图11、图12、图12附图）。

图11

图12 　　　　　　　　图12附图

2. 动作要点

（1）两臂向前推出时，身体重心随之微微前移，两手犹如水中抚波，轻松舒适；两臂向两侧打开时，身体重心随之微微后移。

（2）立掌时，注意以肩带肘、以肘带掌、以掌带指，节节贯穿，力达掌根；先沉肩坠肘，肘关节自然弯曲，等立掌后再伸直肘关节向外撑掌。

（3）两掌根外撑时，两肩胛骨内收紧靠，然后从肩胛骨、肩、臂、肘至掌根依次用劲，劲力顺达；同时两大脚趾用力抓紧地面，大腿内侧肌肉收紧，其余脚趾放松，可微离地面（图13）。

图13

（4）咬牙时，槽牙咬紧，将咬肌紧张的感觉上传至太阳穴；眼睛圆睁（怒目），下颌内收，不要低头，目视前下方。

3. 动作功理

（1）本式动作的传世口诀是：足趾挂地，两手平开；心平气静，目瞪口呆。

（2）立掌收紧手臂内侧，大脚趾抓地收紧大腿内侧，可以刺激人体属于"阴"的经络，如手三阴经、足三阴经等，激活阴经。

（3）"目瞪"是聚精会神之意，"口呆"是指口不要开合，气不要散乱，即呼吸匀细深长之意。

（4）定势后，用暗劲将两手掌左右撑开，建议保持数分钟，意想顶天立地、左右撑山，直至后背发热、微微出汗，可祛风、散寒、解表。

（5）筋膜可以对人的情绪做出反应。当郁闷、焦虑或害怕时，筋膜会变得僵硬。这也解释了为什么情绪压力会引发身体的紧张和疼痛。所以"放松"和"拉伸"是一枚硬币的正反面，放松了才能拉伸，拉伸了才会放松。放松不单是指身体放松，还包括了精神和情绪上的放松。

只有筋膜放松了，肌肉、骨骼才能尽力伸展，本式动作两手平开、左右伸展，足趾抓地、百会上领、上下伸展，在四个方向的伸展中，使前表线、后表线和体侧线充分拉伸，放松肢体，进而放松身心。

（6）在肌筋膜链手臂线中有一条上肢前深线。上肢前深线过短会对呼吸及上臂外展产生负面影响，也会使头颈前倾加重。本式动作中，手臂左右拉伸，有效针对上肢前深线，运动范围涉及从胸小肌、胸锁筋膜到心包膜、纵膈、壁层胸膜，可显著调整心肺功能。

大腿内侧收紧、大脚趾抓地可以锻炼上肢前深线，增强下肢稳定性和平衡功能。

4. 文化内涵

（1）本式又名"一字平肩式""横担降魔式"。两臂一字横开为象形，意为"横担"。心平气静、目瞪口呆为写意，意为"降魔"。"魔"指的是"心魔"，为杂乱的心念。

（2）有些著作将口诀"足趾挂地"写作"足趾挂地"；古人翻地用耙子，就是猪八戒用的钉耙，"挂地"是比喻双脚脚趾如同钉耙的钉齿一般钩挂在地面上，与"挂地"并无本质区别。

（3）单独进行本式动作练习，可以在静止状态过渡到"抖动"状态。抖动是由自身发动的全身性颤抖。基本姿势是站立、挺胸，两眼微闭，两脚分开与肩同宽，两臂自然下垂，全身放松，排除杂念，以脚跟和膝盖为轴，发动全身上下各部位的肌肉和内脏颤抖。抖动频率和时间可因人而定，一般10~20分钟为宜。

传统养生方法中称"抖动"为"斗翎"，翎指鸟翅上的羽毛，斗翎即模仿鸟儿栖歇树枝抖动羽翼的意思；也有人雅称其为"达摩抖雪"等。抖动可以促进全身血液循环，疏通经络，增强肌肉力量和关节功能。除了全身抖动，还有双手抖动、双腿抖动等不同抖动方法。

现代健身方法中，筋膜抖动，是指通过简单的体式，用温和而又具有针对性的动作激活人体的神经性震颤，即身体自发性的抖动机制。筋膜抖动是一种生理应激状态，是人体本能之一，在国外很多创伤和疗愈相关书籍中都有记录。

筋膜伸展与筋膜抖动都是放松身体较好的方法。

四、韦驮献杵第三式

掌托天门目上视，足尖着地立身端；
力周腿胁浑如植，咬紧牙关不放宽；
舌可生津将腭抵，鼻能调息觉心安；
两拳缓缓收回处，用力还将挟重看。

1. 动作说明

（1）接上式。大脚趾放松，两脚踏实于地面；咬肌放松，目光柔和，手臂放松，两腕放平。

（2）随着吸气，沉肩坠肘，两肘下沉划弧后，两臂伸直向两侧打开，保持手心向下；随着呼气，两臂向前收至前平举，与肩同宽；目光内含，目视前方（图14、图15）。

图14

图15

（3）随着吸气，屈肘，两手收至肩前，两臂放平，手心向下，手指相对；随着呼气，内旋翻掌，掌心向上，两掌从耳侧上托超过头顶后，边伸直手臂边提起脚后跟，至手臂完全伸直，手指相对，咬牙，微低头，目视前下方（图16～图18）。

图16

图17 　　　　　　　　图18

技 能 篇

（4）随着吸气，从指尖开始卷握成拳；随着呼气，拳心向外，两拳缓缓向两侧拉开；同时，转目光平视；松拳变掌，两臂下落至侧平举；同时，脚后跟缓缓着地（图19～图21）。

图19

图20　　　　　图21

57

2. 动作要点

（1）翻掌上托时，虎口对着耳朵；手掌超过头顶后，手臂缓缓伸直、微靠耳朵，掌根用力上撑，双肩用力下沉，十指相对、微微分开；咬紧两侧槽牙，咬肌收紧的感觉上传到太阳穴；微低头，目视前下方。

（2）两脚后跟缓缓提起后，将重心落在小脚趾上，其余脚趾放松不用力，可微离地面，小腿外侧、大腿外侧、腰侧、胁肋部的肌肉收紧，感觉到坚固而稳定，这叫"力周腿胁浑如植"，感觉身体两侧的胁、肋、髀、腿等部位如钢铁一般坚强、树干一般牢固（图22）。

图22

（3）两手握拳时，从指尖开始边卷边握拳，至手腕伸直或微内扣，使手臂外侧肌肉紧张；两拳缓缓向两侧下拉时，感受到手臂外侧肌肉用力，好似去夹腋下的东西，这叫"两拳缓缓收回处，用力还将挟重看"。

"用力还将挟重看"指的是两拳好像挽着重物向两侧下拉。因此手型需注意，不可翘腕，否则不容易用力，也无法体会到"力周腿胁""周身一体"的整劲。

3. 动作功理

（1）本式动作的传世口诀是：掌托天门目上视，足尖着地立身端；力周腿胁浑如植，咬紧牙关不放宽；舌可生津将腭抵，鼻能调息觉心安；两拳缓缓收回处，用力还将挟重看。

（2）握拳收紧手臂外侧，小脚趾抓地收紧大腿外侧，可以刺激人体属于"阳"的经络，如手三阳经、足三阳经等，激活阳经。

（3）"掌托天门目上视"中的"目上视"，不能理解为"抬头上视"，而是用意念"内观上视"。如果抬头上视，身体容易失去平衡，而且气血上涌易造成头晕发涨。

（4）"内观上视"的目的是"神返身中"，使身心一体，配合"两拳缓缓收回"，产生"人在气中、气在人内、内外一气"的感觉。

（5）两臂上举拉伸以及掌根和双肩的对拉拔长可以有效拉伸上肢后表线，从前臂伸肌群经外侧肌间隔、三角肌至斜方肌的依次传导，配合深长的腹式呼吸，可使本式动作影响到前深线的横膈以及与之相连的心包膜、纵膈、壁层胸膜，共同起到拉伸调整躯干上部筋膜的作用。

（6）从筋膜角度来看三焦，上焦由呼吸膜与胸膜、心包膜共同构成，中焦为胃和小肠等消化道黏膜以及相关部分的腹膜，下焦是包含大肠黏膜、肾小球与肾小囊之间组成的滤过膜以及相关部分的腹膜。

前深线、前表线与上肢后表线的联动能大范围覆盖中医"三焦"实质所指的筋膜部分。

4. 文化内涵

（1）韦驮献杵三式动作是一组，第一式动作调身、调息、调心，使三调合一，第二和第三式动作分别抻拉和刺激阴经与阳经。

肺为各脏之母，母强则子壮，其余各脏腑功能才能正常发挥。韦驮献杵第一式锻炼呼吸能力，强化肺部，同时胸背筋开，方能使气沉入丹田，故将该式动作作为整套功法的第一式，单刀直入掌握全身气运的枢纽，为后面动作打下良好基础。

内侧为阴，外侧为阳，韦驮献杵第二式动作着重在于刺激人体属于"阴"的经络；韦驮献杵第三式动作保持双腿、双臂的外侧用力收紧，意在刺激属于"阳"的经络。

第二和第三式动作分别对身体进行前后、左右、上下方向的拉伸，活动关节、活跃气血，为后面动作起到热身和铺垫作用。

（2）槽牙又称"肾齿"，肾主骨，齿为骨之余，槽牙的状态最能体现出肾的功能。在第二式和第三式中，咬牙收紧面部两侧，指的是咬紧槽牙，起到坚固肾气的效果。

传统养生学提倡男女在小便时要闭口不语、咬紧槽牙，也是同样道理。

五、摘星换斗式

只手擎天掌覆头，更从掌内注双眸；
鼻端吸气频调息，用力收回左右侔。

1. 动作说明

（1）接上式。随着吸气，以腰为轴，身体左转，带动两臂左摆；随着呼气，下坐屈膝，左臂屈肘，左掌背贴在命门穴上，右臂自然伸直，手掌心劳宫穴对着左胯，手指斜向下，目视右手（图23、图23附图）。

图23 　　　　　　　　图23附图

（2）随着吸气，蹬地、伸膝、转腰、起身，右手随着身体的转正由左下经身前向右上摆至右肩上方，左手保持不动，目视右手；随着呼气，右手手心向上，右臂向右侧伸直下落，至水平时转手心向下，左臂向左侧伸直上摆，手心向下，两臂成侧平举，同时头转正，目光平视（图24～图26）。

技 能 篇

图24

图25
图26

63

（3）随着吸气，以腰为轴，身体右转，带动两臂右摆；随着呼气，下坐屈膝，右臂屈肘，右掌背贴在命门穴上，左臂自然伸直，手掌心劳宫穴对着右胯，手指斜向下，目视左手（图27）。

图27

（4）随着吸气，蹬地、伸膝、转腰、起身，左手随着身体的转正由右下经身前向左上摆至左肩上方，右手保持不动，目视左手；随着呼气，身体右转，重心左移，右脚脚尖外撇45°，然后重心过渡到右脚，提左脚向左后方撤步；同时，左臂向右前方伸直下落，手心向下、向后摆至左腿上方，右臂向右前方伸直上摆，手心向上；最后成右弓步，右手与肩同高，左手与腰同高，目视右前方（图28~图30）。

图28

图29　　　　　　　　图30

2. 动作要点

（1）下坐屈膝时，尾闾穴下降带领身体重心下沉，两膝自然弯曲，注意用力次序是先尾闾、后膝盖；下坐时，要有坐在椅子上的感觉，两大腿承担体重，两膝不要超过脚尖。

（2）身体左右转动时，注意两膝始终保持平行并与肩同宽，髋关节保持与地面平行，不要出现臀部一边高、一边低的情况。

（3）身体转动时，要体会"肩与胯合"的用力感觉，不要理解为身体的转动，而应理解为肩井穴与异侧环跳穴之间距离的缩短，即"肩井找环跳"。

肩井穴和环跳穴都属于足少阳胆经穴位，肩井穴位于肩背部第七颈椎棘突与肩峰连线中点处。低头时，颈后最高的骨头就是第七颈椎棘突，肩峰就是肩膀最远端，两处连线的中点即为肩井穴（见图）。环跳穴在股外侧，当股骨大转子最凸点与骶管裂孔连线的外1/3与中1/3相交处（见图）。

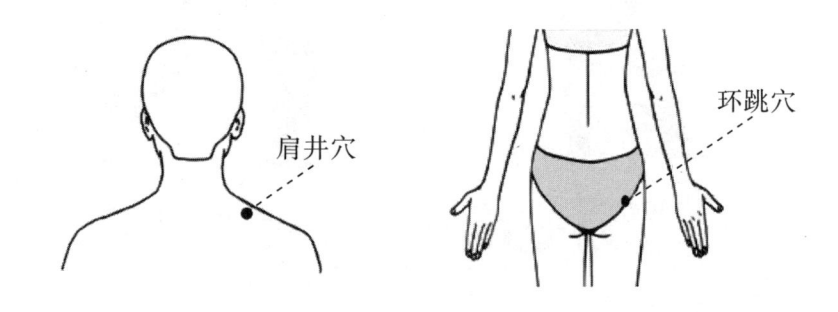

要体会到因肩与胯的相合使腰部肌肉像弹簧一样拧紧，当弹簧松开时，身体完全放松转正，这时腰就像鞭子的把手，整条手臂就像鞭身，力量从腰传到肩、肘、腕、指，自然把手臂甩至肩上方。

（4）单手在肩上，掌心对着肩头，手指对着头部，两肩保持水平，转头并微抬下巴，目视劳宫穴，这时要把意念集中在另一只手贴住的命门穴上，即"目视劳宫、意存命门"。

（5）上手下落，手心向上，下手上摆，手心向下，意念在两手劳宫穴，意想"引心火下降、导肾水上升"。

3. 动作功理

（1）本式动作的传世口诀有二：一为单手高举，掌须下覆，目注两掌，吸气不呼，鼻息调匀，用力收回；二为只手擎天掌覆头，更从掌内注双眸；鼻端吸气频调息，用力收回左右侔。

（2）劳宫穴是心包经上的穴位，五行属火。目视劳宫穴，要把意念放在命门穴，如果目视劳宫、意存劳宫，则心火上浮。命门穴五行属水，意存命门，可促进心肾相交、水火既济。

（3）目视劳宫、意存腰间命门，以及阳掌（掌心向上）转阴掌（掌心向下）的动作导引，都是为了将发动的真气收敛，下沉入腰间两肾及命门，以达到壮腰健肾、延缓衰老的功效。

（4）本式动作加大了颈、肩、腰等部位的活动幅度，可治疗颈、肩、腰诸关节及周围肌肉的活动受限、劳损和酸痛无力等。

（5）本式动作身体旋转发力，甩臂抬头，主要锻炼螺旋线。螺旋线的主要功能是引起并调整身体的扭转和旋转，以及在离心和等长收缩时稳定躯干和下肢。

螺旋线环绕在人体上，掌管人体的扭转动作，像两股螺旋形线条"绑"住身体，帮助身体维持各个平面的平衡，即不论姿势如何，螺旋线都必须维持身体重心的平衡。

4. 文化内涵

（1）"用力收回左右侔"这句口诀，有些书上写成了"用力收回左右腿"或者"用力收回左右眸"等，"腿"或"眸"从道理上是讲不通的。侔，拼音读作móu，意思是相等。

（2）本式动作是对太极图和阴阳双鱼的写意化模仿。

只手擎天，另一只手贴在命门穴处，两肘自然放松，两臂成弧形，这是阴阳双鱼。

上面的手，手心向上往下落，意为引心火下降；下面的手，手心向上往上摆，意为引肾水上升。这是模仿太极图的旋转。

因此，两手一上一下，心火（离卦）肾水（坎卦）相济，达到相互制约的平衡，谓之"心肾相交""坎离既济""水火既济"，这就是"侔"。

六、倒拽九牛尾式

两腿前伸后屈,小腹运气空松;
用力在于两膀,观拳须注双瞳。

1. 动作说明

（1）接上式。两手从小拇指开始，依次卷屈握拳（图31）。

图31

（2）随着吸气，右脚蹬地，重心后移，身体右转，两臂屈肘回收，右臂边收边拧转至胸前，左臂屈肘、前臂水平至后腰部，拳心向外，右拳拧至小拇指向上，目视右拳，两腿按"前四后六"的比例分担体重；随着呼气，重心前移成右弓步，两臂随之前后伸直，右手拳眼向上，左手拳眼向下（图32、图33、图32附图）。

共做3次。

图32 　　　　　　　图32附图

技 能 篇

图33

（3）随着吸气，重心后移，两拳变掌，右脚脚尖上翘后下落转正，然后重心再前移到右脚，左脚收到右脚内侧、脚尖指向左前方；两臂随着身体左转自然向左摆动；随着呼气，重心落在左脚，右脚向右后方撤出成左弓步；同时，左臂向前、右臂向后摆出，左手与肩同高，右手与腰同高，手心均向上，目视左前方（图34～图37）。

图34

71

图35

图36 　　　　　　　　图37

（4）两手从小拇指开始，依次卷屈握拳。随着吸气，左脚蹬地，重心后移，身体左转，两臂屈肘回收，左臂边收边拧转至胸前，右臂屈肘、前臂水平至后腰部拳心向外，左拳拧至小拇指向上，目视左拳，两腿按"前四后六"的比例分担体重；随着呼气，重心前移成左弓步，两臂随之前后伸直，左手拳眼向上，右手拳眼向下（图38、图39）。

共做3次。

图38　　　　　　　　　图39

2. 动作要点

（1）倒拽的用力顺序应为前脚蹬地、重心后坐、拧胯拧腰、拧肩拧臂、拧拳直至小拇指朝上，随着重心后移，拧腰、含胸、团背，两个肩胛骨尽量向两侧打开。

（2）前手臂向胸口方向回收，目视小拇指。后手臂屈肘、前臂放平，与后腰部相距约10厘米。后手坚固不动，这叫"后拽前牵"。倒拽时，前后两臂成绞绳状用力，称为螺旋劲（图40）。

图40

（3）"九牛"说明"倒拽"的难度和力气很大，需要全身劲往一处使。劲源于脚，脚下要生根，通过蹬地，两腿前伸后屈，借助于地面的反作用力上传至腿，再到胯、腰、肩、臂、手，最后全身拧成一股绳。

（4）两臂前后伸展打开时，应体会到肩胛先动再带动手臂，具体做法是肩胛由开到合再开，随着双肩的扩展顺势向两侧伸展手臂（图41～图43）。

图41　　　　　　　　图42

图43

3. 动作功理

（1）本式动作的传世口诀有二：一为小腹运气空松，前跪后腿伸直，二目观拳，两膀用力；二为两腿前伸后屈，小腹运气空松,用力在于两膀,观拳须注双瞳。

（2）通过肩胛骨的开合运动,可以刺激包括膏肓穴在内的背部腧穴,特别是与五脏六腑关系密切的膀胱经穴位及督脉腧穴,具体内容详见《八段锦养生智慧》一书。

（3）气向下沉,由两肩收入脊骨,注于腰间,此气之由上而下也,谓之合。由腰展于脊骨,布于两臂,施于手指,此气之由下而上也,谓之开。合便是收,开便是放,收为阴,放为阳,一阴一阳,谓之道也。

（4）背部是以脊椎为中心的整个人体的全息缩影,对应的器官主要包括肺、心脏、胃、肝、胆囊、胰、肾、脾等,这些器官的功能包括体内外气体交换、血液循环、消化、排泄等。如心肌梗死所引起的后背疼痛主要在肩胛区部位,以压榨性疼痛或者绞痛为主要特点。所以本式动作通过背部的开合运动可以锻炼内脏器官。

（5）背筋膜包括浅筋膜与深筋膜浅筋膜与邻近部位的浅筋膜相延续,深筋膜分为浅层与深层浅层紧贴于斜方肌与背阔肌的表面,很薄弱；深层较发达,分为项筋膜及胸腰筋膜。胸腰筋膜在腰部剧烈运动中常可扭伤,为腰背劳损病因之一。本式动作可有效锻炼胸腰筋膜及前表线、后表线、上肢前表线和前深线。

4. 文化内涵

（1）"两膀"不是指两手臂,所谓"膀大腰圆",其中"膀"指的是上臂、肩、肩胛和上背部形成的一个整体。所以"两膀用力"指的是肩背部用力,其目的在于刺激膏肓穴。

(2)"病入膏肓"是国人熟知的成语,出自《左传》,形容病情危重到无法救治或事情严重到无法挽救。古代医学以心尖脂肪为膏,心脏与膈膜之间为肓,病入膏肓,汤药、针石所不能及,说明危在旦夕。

膀胱经在背部一分为二以后,与膏肓穴对应的是厥阴俞穴,"厥阴"指的是脏腑深处,所以刺激膏肓穴可以刺激脏腑深处。

膏肓穴在肩胛骨内侧,不易按摩,可两脚平行站立,两臂抬起与肩同高,腰背挺直,两手握拳,然后双臂向两侧拉开至肩胛骨靠拢,肘关节自然放松,力点集中在肩胛骨,通过肩胛的运动刺激膏肓穴。

此动作保持1~2秒后再恢复原位,重复多次效果更佳。

七、出爪亮翅式

挺身兼怒目,推手向当前;
用力收回处,功须七次全。

1. 动作说明

（1）接上式。重心后移，左脚回扣转正，然后右脚上步，两脚平行，与肩同宽，双膝伸直，两拳变掌，两掌心向前，目光平视（图44、图45）。

图44

图45

（2）随着吸气，手臂内收至前平举，手心相对，手指向前；随着呼气，屈肘，肘尖向下，两掌立于肩前，手心相对，手指向上（图46、图47）。

图46 　　　　　　　图47

（3）随着吸气，扩胸展肩，带动两手向两侧打开；随着呼气，两掌慢慢前推至两臂伸直，脚趾抓地，十趾分开，瞪大双眼，咬紧槽牙（图48、图49）。

图48 　　　　　　　图49

（4）随着吸气，全身放松、手腕放平；随着呼气，屈肘，两手收至肩前，手心向下，手指向前，然后立掌于肩前，手心相对，手指向上（图50～图52）。

共做3次。

图50

图51 　　　　　　　　　　图52

2. 动作要点

（1）两掌立于肩前时为柳叶掌（虎口自然张开、四指自然并拢、拇指自然伸直），推掌至手臂伸直时成荷叶掌（五指用力张开），坐腕，掌根前推，手腕放松、放平时，手指也随之放松，恢复成柳叶掌（图53、图54）。

图53

图54

（2）随着吸气扩胸展肩时，两手保持不动，由胸廓扩张带动两手向两侧打开；随着呼气推掌时，先用小拇指一侧前推，边推边转掌，直至掌心向前。用力的顺序是"先轻后重"，轻时如推窗户纸、重时如推山倒海，到极处为最用力，力如排山，而背往后靠，头往上顶，同时咬紧槽牙，十个脚趾抓地，下颌收紧，双目圆睁。

（3）推掌以后，两臂屈肘收回时，全身放松，手掌、手腕与地面平行，劲力犹如海水还潮，气血自然随之收回身上。

3. 动作功理

（1）本式动作的传世口诀有二：一为掌向上分，足指挂地两胁用力，并脚立膀；鼻息调匀，目观天门，牙咬；舌抵上腭，十指用力，腿直；两拳收回，如挟物然；二为挺身兼怒目，推手向当前；用力收回处，功须七次全。

（2）吸气扩胸展肩、呼气推掌的反复练习，可以有效提升肺功能。肺为五脏之一，是百脉汇聚的地方，传统医学称其为"华盖"，其生理功能主要是主气、司呼吸。

（3）手太阴肺经由云门穴出，行于上肢。云门穴是手太阴肺经连接人体内外的门户。立掌于云门穴，展肩扩胸可开启云门、中府等穴，使人体能吸纳较多的清气，促进自然气与人体真气在胸中交汇融合，达到改善呼吸功能及促进全身气血运行的作用。

（4）传统医学认为，肝主筋，开窍于目。怒目瞪眼，可刺激肝经系统，使肝血充盈，肝气疏泄，强筋健骨。

（5）脚趾抓地、身体立定、背部后撑，可有效锻炼前表线和后表线。前表线和后表线相互拮抗共同作用维持着人体的平衡，本式动作通过锻炼前表线和后表线，可以有效改善骨盆前倾、头前倾等不良体态。

（6）手臂的屈伸、推收，可以有效锻炼手臂、肩背肌肉筋膜，特别是上肢前表线和前深线、上肢后表线和后深线。

4. 文化内涵

（1）"善于鸣叫""展翅高飞""边飞边鸣"都是鸟的标志，鸟的翅膀善于开合，而肺主开合，所以导引术中"亮翅"动作多与肺的功能作用联系在一起。

（2）所谓"功须七次全"，"七"这个数字代表着"圆满""轮回"，如源于基督文明的"一星期七天"、源于佛教文明的"七七丧俗"、源于《易经》的"七日来复"等，都以"七"为一个周期。在动作练习中，七可实指、可虚指，依实际情况而定。更多内容详见《八段锦养生智慧》一书中"背后七颠百病消"章节。

（3）2000多年前的庄子在《庄子·刻意》里描述了当时的人们用"熊经鸟伸"的动作来锻炼身体，南宋大诗人陆游也说"微劳学鸟伸"。在湖南马王堆汉墓出土的《导引图》帛画中，模仿鸟动作的图像占比最高，说明自古以来人们向往鸟之能翔、轻盈敏捷、鸣声优美，故在导引术中多用鸟形。

八、九鬼拔马刀式

侧首弯肱，抱顶及颈；
自头收回，弗嫌力猛；
左右相轮，身直气静。

1. 动作说明

（1）接上式。身体右转45°，带动两手左上右下、手心相对立于右腰侧，目视右下方（图55）。

图55

（2）随着吸气，右手反穿、手心向下，身体左转带动两臂自然伸直轮转，至身体转正，两臂成侧平举；随着呼气，左臂屈肘、左手背贴在命门处，右臂屈肘、右手掌置于脑后、中指压住左耳耳廓，目视前方（图56～图58、图58附图）。

图56 　　　　　　图57

图58 　　　　　　　　图58附图

（3）随着吸气，展肩扩胸、两肘外撑，向右转头，目视右肘尖（图59）；随着呼气，两肘相合，后手顺着脊柱尽力上推；同时，下坐屈膝，身体左转，低头目视右脚脚后跟（图60、图61、图61附图）。

图59 　　　　　　　　图60

图61 　　　　　　　　图61附图

（4）随着吸气，两膝伸直，展肩扩胸、两肘外撑，向右转头，目视右肘尖（同图59）；随着呼气，两肘相合，后手顺着脊柱尽力上推，同时，下坐屈膝，身体左转，低头目视右脚脚后跟（同图60、图61）。

共做3次。

（5）第3次下坐"拔马刀"后，随着吸气，两膝伸直，身体回正，两肘放松，目光平视；随着呼气，两臂自然伸直向两侧打开，与肩同高，右手手心向上，左手手心向下，然后沉肩坠肘，右手手心转向下，目视前方（图62）。

图62

87

（6）随着吸气，身体右转45°，带动两臂向右轮转（图63）；随着呼气，身体转正，左臂屈肘、左手掌置于脑后，中指压住右耳耳廓，右臂屈肘、右手背贴在命门处，目光平视（图64）。

图63

图64

右侧动作与左侧相同，唯方向相反，共做3次（图65～图67、图67附图）。

图65

图66

图67 　　　　　　　　图67附图

（7）随着吸气，两膝伸直，身体回正，两肘放松，目光平视；随着呼气，两臂自然伸直向两侧打开，与肩同高，左手手心向上，右手手心向下，然后沉肩坠肘，左手手心转向下，目视前方（图68、图69）。

图68 　　　　　　　　图69

（8）在某些流派中，"九鬼拔马刀"式中的两手为背后相扣。

2. 动作要点

（1）下坐屈膝时，膝盖保持平行，不能超过脚尖。大腿内侧收紧并外撑，使下盘坚固。

（2）屈臂绕头，掌心按住玉枕穴。玉枕穴属于足太阳膀胱经，位于头后，在后发际正中直上2.5寸、旁开1.3寸，平枕外隆凸上缘的凹陷处（见图），左右各一，按摩玉枕穴可治头项疼痛。

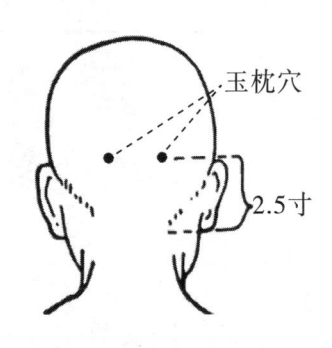

（3）两肘外开、扩展胸廓时，两肩胛骨充分内收，使两肘如同鸟的翅膀一样充分展开；扶按玉枕穴的手臂向后展开时，肘尖要向上用力领劲。两肘用力外开，稍停顿以增强对筋膜的刺激。两肘相合时，背后手臂应顺着脊柱尽量向上推。

（4）转体下视时，含胸收腹，两肩及两胯应保持水平。

（5）高血压、颈椎病患者和年老体弱者，头部转动的角度应小，动作宜轻缓。

3. 动作功理

（1）本式动作的传世口诀有二：一为单膀用力，夹抱颈项；自头收回，鼻息调匀；两膝直立，左右同之；二为侧首弯肱，抱顶及颈；自头收回，弗嫌力猛；左右相轮，身直气静。

（2）上体左右拧转，保持躯干中轴正直，可以增进脊柱及肋骨各关节的活动范围，有利于疏通任脉和督脉，宽胸理气，改善头部血液循环。

（3）动作重点在于，从颈部到腰腹部的旋转，涉及螺旋线、功能线的拉伸，以手臂带动打开胸腔往后旋转的动作也调整了后表线过度拉伸的问题。

无论是古代农耕为主的劳作还是现代人们久坐办公、长时间观看电子产品的行为，前倾弓背的体态，都会使前表线与后表线在矢状面上的张力失衡，表现为前表线过度收缩，后表线过度拉伸。后表线过度拉伸与脊柱后凸的状态使椎间盘压力集中在前端，胸棘肌及头半棘肌过度拉伸挛缩无力，均可影响脊椎稳定。脊柱长时间屈曲可使椎间盘髓核突出的发生概率上升。通过调整后表线，降低肌肉压力，缓解脊柱两侧应力的不对称，进一步改善筋膜腔内压力及表面张力，达到缓解劳损的效果。

（4）功能线从手臂线开始，跨过躯干表面，延伸到对侧骨盆和下肢。其中一条跨过身体的前侧，另一条跨过身体的后侧。因此，左右两条线跨过躯干呈X型。功能线如同橡皮筋，要获得更大的弹力，需要先把橡皮筋拉长再释放，功能线也是如此。本式动作中拉伸与扭转反复进行，可有效锻炼功能线。

4. 文化内涵

（1）鬼者，归也；神者，伸也。所谓鬼神，即阴阳二气的变化。九为阳数里最大的数字，代表至阳；鬼代表至阴。"九鬼"有阴阳二气转换的意思，也指刚柔相济。

神为显性，是生命力的表现。"鬼"为"隐性"，是在内部运作而不被察觉的部分，本式动作中"鬼"指动作的劲力隐藏在内。"九"为虚数，意指全身劲力。

（2）"九"还可指"九大关节"，即脊柱、肩、肘、腕、手、胯、膝、踝、足；"鬼"为至阴至柔之意，故，本式动作需要九大关节协同完成，锻炼九大关节的柔软、协调，体现了"导气令和，引体令柔"的导引原则。

（3）"马刀"即骑马时背负着刀，所用步型为"马步"。"拔马刀"是模仿骑马时拔出放置于后背上之刀的动作，因骑马时的姿势受限，故背刀最为方便，取刀时须从上而下屈肘握刀，然后伸直手臂将刀拔出。

本式动作中一臂屈肘置于背后尽力上推，并躬身侧转，以方便另一只手从下往上把"刀"拔出来，是对"拔马刀"的形象化描绘。

与之相似的情景见于《战国策·荆轲刺秦王》：秦王方还柱走，卒惶急不知所为。左右乃曰："王负剑！王负剑！"遂拔以击荆轲。意思是说秦王惶恐之间拔不出剑来，因为剑身太长了，手臂受限，这时有人提醒秦王把剑从背后向上推，秦王这才拔出了剑。

九、三盘落地式

上腭坚撑舌,张眸意注牙;
足开蹲似踞,手按猛如拿;
两掌翻齐起,千斤重有加;
瞪睛兼闭口,起立足无斜。

1. 动作说明

（1）接上式。随着吸气，左脚向左开步，两脚平行，相距约1.5倍肩宽，目视前下方；随着呼气，沉肩坠肘，两掌下按，身随手动，下坐屈膝，两手按至环跳穴高度，手心向下、手指向外，口吐"嗨"音（图70、图71）。

图70

图71

（2）随着吸气，翻掌旋腕，两掌上托，身随手起，两掌托至侧平举，两膝缓缓伸直，目视前方；随着呼气，翻掌向下，按掌下坐，口吐"嗨"音（图72、图73）。

共做3次。

图72

图73

根据个人身体条件，下坐屈膝的幅度可以逐渐加大，逐次降低高度（图74）；也可固定在某一高度。

图74

（3）第3次下坐后，随着吸气，两掌上托至侧平举，两膝伸直，目视前方（图75、图76）。

图75　　　　　　　图76

2. 动作要点

（1）身体起、落的力点都在手掌。身体下落时，"手按猛如拿"，掌根下按带动身体下坐；身体起立时，"两掌翻齐起"，好像托着千斤重物一样，把身体带起来。要有两手向上如托千斤、两手下按如按水中浮球的感觉。

（2）在"手按猛如拿"时，发"嗨"音以壮力，使力、气、劲合一，吸气蓄劲、吐气发音、以气催力。口吐"嗨"音时，口微张，上唇微微用力压着龈交穴，即上唇内，唇系带与上齿龈的相接处（见图），下唇松开，不能用力内收压着承浆穴（颏唇沟的正中凹陷处，见图），尽量从喉部发音，音吐尽时，舌尖向前轻抵上下齿之间。

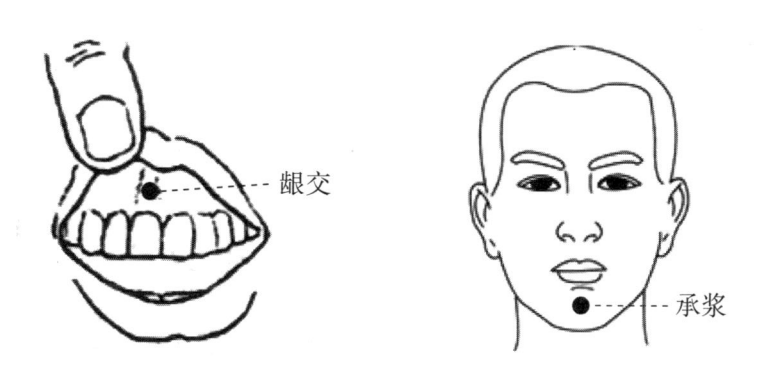

（3）下蹲时，不管姿势高低如何，身体应保持中正，不能前俯后仰。起吸落呼，落得越慢越好，同时两掌按至环跳穴高度。

（4）"手按猛如拿"时，虎口撑圆，气蓄小腹，空胸实腹，上虚下实，松腰敛臀，顶平肩平，心平气静。

3. 动作功理

（1）本式动作的传世口诀有二：一为目注牙齿，舌抵上腭；睛瞪口裂，两腿分跪；用力抓地，反掌托起；如托千金，两腿收直；二为上腭坚撑舌，张眸意注牙；足开蹲似踞，手按猛如拿；两掌翻齐起，千斤重有加；瞪睛兼闭口，起立足无斜。

（2）两腿蹲起时，保持两脚平行，这叫"足开蹲似踞、起立足无斜"，大腿内侧和腰腹部收紧，可以促进大腿、腹腔静脉血液的回流，消除盆腔血瘀。

（3）屈膝下蹲、两掌下按，会使气血逆向上升，通过口吐"嗨"音，使内气下沉于丹田，从而缓冲气血上逆，调节气血升降平衡，对年老体衰练习者尤为适宜。

（4）在发"嗨"音时，初学者可以在发音的同时发声，以校正口型。随着练习程度的加深，渐由大声过渡到小声、无声（有音而无声）。

（5）本式中的深蹲动作可以锻炼前深线。前深线从脚心、小腿中间、大腿中间、腰中间、胸中间、脖子中间一直到头中间，是人体最中心的一条力线。对前深线的锻炼涉及到足底、盆底肌、膈肌、颈椎等。

锻炼足弓的筋膜要求大脚趾发力踩地并传导到内侧足

弓，"起立足无斜"收紧的就是足底到小腿的前深线；"上腭坚撑舌"是头部发力在进行支撑；"足开蹲似踞"是要求收紧盆底肌，盆底肌最重要的发力就是向上顶，越有力的向上顶，上半身就越轻松。

4. 文化内涵

（1）"三盘"指的是人体上、中、下"三盘"，上盘指上肢，中盘指头和躯干，下盘指下肢。"三盘"也称为"三节"，指人体的上肢、躯干、下肢三大节，其中每一大节又分成三小节，上节（上肢）分为肩、肘、手；中节（躯干）分为头、胸、腹；下节（下肢）分为胯、膝、足。每一小节可用一个"窍"来统领，分别是：肩——肩井穴；肘——曲池穴；手——劳宫穴；头——上丹田（印堂穴）；胸——中丹田（膻中穴）；腹——下丹田（气海穴）；胯——环跳穴；膝——阳陵泉穴；足——涌泉穴，谓之"三节九窍"。在动作练习过程中，应注意体会将动作简化为窍与窍之间的运动，如"肩与胯合"可简化为"肩井穴与（另侧）环跳穴"之间的运动。

（2）"声"和"音"既有联系又有区别，具体详见《呼吸的养生智慧》一书中"六字气诀养生法"章节。

能听见的为"声"，气流出入而听之不闻的则为"音"，本式动作有音而无声。传统文化认为发声为泄，有实病则泄之，由风、寒、暑、湿、燥、火侵入人体而致病的为实病，凡正气虚弱或机体有形物质不足所产生的疾病为虚病，虚病者练习无须发声。

（3）"嗨"声多见于劳动号子歌，人在发力时多用"嗨"声助力，打拳、干力气活中也多见此情况。

十、青龙探爪式

青龙探爪，左从右出；
修士效之，掌平气实；
力周肩背，围收过膝；
两目注平，息调心谧。

1. 动作说明

（1）接上式。左脚收回，与肩同宽，两脚平行，目光平视；随着吸气，两掌各先收拇指于无名指指根，再从小拇指开始依次握紧成握固拳；随着呼气，两拳收到腰间，拳心向上（图77~图79）。

图77

图78

图79

（2）随着吸气，右臂伸直，右拳变掌，目视右手，右手上托成右平举；随着呼气，右臂屈肘，右手掌心涵空，五指伸直捏拢成"龙爪"；同时，身体左转，右手经面前向左侧伸出，龙爪口向左，眼睛随之慢慢睁大，口中缓缓吐"嘘"音（图80～图83）。

图80

图81

图82

图83

（3）随着吸气，龙爪变掌，自然收回肩前；随着呼气，右掌沿左腿外侧下按，按至左脚外侧，手心向下，手指向后，身体自然前俯（图84、图85）。

图84

图85

（4）随着吸气，右掌从左脚外侧向前、向右摆至右脚外侧，手心向下，手指向前；随着呼气，右手旋腕，先收拇指到无名指指根，再从小拇指开始依次握紧成握固拳（图86~图88）。

图86

技能篇

图87

图88

（5）随着吸气，低头弓背慢慢起身直立，以身带臂，收右拳于腰间；随着呼气，沉肩坠肘，全身放松，目光平视（图89）。

图89

105

右侧动作与左侧相同，唯方向相反（图90～图96）。

图90

图91

图92

图93

技 能 篇

图94　　　　　　　图95　　　　　　　图96

2. 动作要点

（1）做"龙爪"时，五指散开各相距3~4厘米，掌心涵空可以容纳一枚鸡蛋（图97）。边转体、边探爪、边睁大眼睛、边发"嘘"音，吐音不发声（图98）。

图97　　　　　　　　　　图98

107

嘘：嘴角后引，槽牙上下平对，中留缝隙，槽牙与舌边亦留空隙。气息从槽牙间以及槽牙与舌两边的空隙中经过，缓缓而出。详见《呼吸的养生智慧》一书中的"六字气诀养生法"章节。

（2）转体时，要注意力点在"肩井穴"与"环跳穴"，体会"肩与胯合"。因转体使腰像弹簧一样拧紧，当腰放松时，身体和手臂自然回收，同时手掌收至肩前。

（3）身体前俯时，自然弓背，身随手走。下按和划弧时，要根据自身状况调整高度及幅度。下按划弧，目随爪走，意存爪心。

（4）向下按掌至脚外侧时手指向后，边划弧摆掌边转手指向前，直到摆至另一脚的外侧，手指向前；然后旋腕，幅度宜大，转手心向前后再从拇指开始依次握固。

3. 动作功理

（1）本式动作的传世口诀为：青龙探爪，左从右出；修士效之，掌平气实；力周肩背，围收过膝；两目注平，息调心谧。

（2）通过自然掌、虎爪、旋腕抓握、握固等手部动作的变化，起到活动末梢关节、促进气血循环的作用，可以激发肝血的运行。

（3）龙爪左右探出，配合发"嘘"音呼气，意为"吐故"；按掌、摆掌、旋腕、抓握，意为"纳新"，将大地之灵气"握"而"固"于手中。

（4）抱拳于腰间，其含义是将"握固之气"纳入肝经的章门穴，可调节、疏理肝脏功能。关于"握固"，请详见《八段锦养生智慧》一书中"攥拳怒目增气力"章节。

屈前臂，用肘尖夹紧两侧肋骨，肘尖正对处即是章门穴（见图），"章"形容"显著、大"，"门"指的是"门户"。章门穴是足厥阴肝经上的募穴，即足厥阴肝经由下肢上行至腹侧，肝经之气在此停留，就像风于此进入门户一般入内，属肝、络胆。

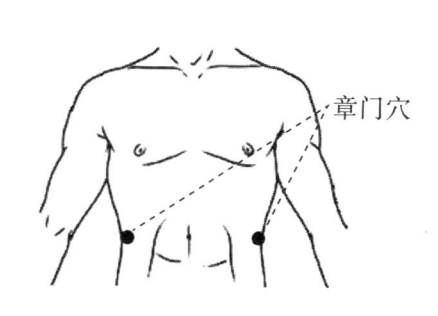

（5）"嘘"音主泄。《黄帝内经》上说："肝是将军之官。"中医认为，肝为刚脏，肝气急而志怒，故为将军之官。所以，通过发"嘘"音以泄肝气。而"目为肝之外候""肝开窍于双目"，睁大眼睛可疏泄肝气。肝气存于两胁，通过左右转体也起到疏泄肝气的作用。

（6）通过俯身按掌、拉伸下肢达到放松后表线的作用。

4. 文化内涵

（1）"青龙探爪"中的"青龙"指的是"肝"。青龙、白虎、朱雀、玄武，合称四象。四象融入了五行和方位，以五行为核心，肝、心、脾、肺、肾分别对应木、火、土、金、水；并对应青、赤、黄、白、黑五种颜色和青龙、朱雀、黄庭、白虎、玄武五种事物及东、南、中、西、北五个方位（见表），"导引治未病丛书"中的很多理论知识与之关系密切，请读者们留意。

五行、自然界与人体的对应关系

自然界							五行	人体					
五音	五味	五色	五化	五气	五方	五季		五脏	五腑	五官	形体	情志	五神	五声
角	酸	青	生	风	东	春	木	肝	胆	目	筋	怒	魂	呼
徵	苦	赤	长	暑	南	夏	火	心	小肠	舌	脉	喜	神	笑
宫	甘	黄	化	湿	中	长夏	土	脾	胃	口	肉	思	意	歌
商	辛	白	收	燥	西	秋	金	肺	大肠	鼻	皮	悲	魄	哭
羽	咸	黑	藏	寒	北	冬	水	肾	膀胱	耳	骨	恐	志	呻

（2）本式动作名称中的"青龙"与下一式动作名称中的"卧虎"互相呼应。从动作形态上讲，龙喜欢盘旋而上，在中国传统建筑中，龙多是盘在柱子上；而虎则是下山猛虎，在中国传统绘画中，虎的形象多是下山虎。故本式动作身体盘旋而上，下一式动作俯身而下。

（3）《黄帝内经》上说："肝主筋，其华在爪，开窍于目""肝在变动为握"。"肝主筋"的"筋"指的是韧带、血管、经络、神经、筋膜等。肝藏血,当肝中血液充足,韧带、血管、筋膜等可以充分得到血的滋养,则关节灵活、抓握有力,指甲的颜色红润有光泽。

导引术中,凡是与肝有关系的动作,一般会采用握固的手型。将本式动作与"倒拽九牛尾"进行比较,虽然都是握拳,但本式动作是握固拳(拇指在内),而倒拽九牛尾则是握方拳(拇指在外)。

十一、卧虎扑食式

两足分蹲身似倾，屈伸左右腿相更；
昂头胸作探前势，偃背腰还似砥平；
鼻息调元均出入，指尖著地赖支撑；
降龙伏虎神仙事，学得真形也卫生。

1. 动作说明

（1）接上式。下坐屈膝，重心落于左脚，右脚内扣，然后重心移到右脚，左转90°，提左脚，脚尖点地，身体左转，目光平视（图99）。

图99

（2）随着吸气，两拳上提至面前，同时左脚提离地面；随着呼气，两拳变"虎爪"向上、向前、向下扑出，两臂水平，手心向前；同时，左脚向前迈出一大步成左弓步，目光平视（图100、图101）。

图100   图101

（3）随着吸气，重心后移下坐，收腹弓背，两手自然下落；随着呼气，脊柱从腰椎开始成波浪状节节向上贯穿，带动两臂如波浪状前伸；同时，重心前移成左弓步，目光平视（图102~图104）。

图102

图103

图104

（4）十指触地，两脚脚后跟抬离地面；随着吸气，脊柱向上伸展，抬头上视；随着呼气，身体放松，重心后移，两手握固，抱拳腰间，起身转正，左脚内扣，重心移到左脚，右转90°，提右脚，脚尖点地（图105～图107）。

图105

图106 　　　　　　　　图107

（5）右侧动作与左侧相同，唯方向相反（图108～图113）。

图108

图109

图110

图111

技能篇

图112

图113

（6）重心后移，两手握固，抱拳于腰间，起身转正，两脚与肩同宽，两膝自然伸直，目光平视（图114）。

图114

（7）在易筋经某些流派中，"卧虎扑食式"动作俯身按爪后，要求单腿高举，称为"虎尾腿式"，并在"虎尾腿式"基础上做"铁牛耕地式"。此内容详见拓展篇"单腿下犬式"。

2. 动作要点

（1）"虎爪"手型为五指的第一、第二指节弯曲，五指分开，掌心内含（图115）。

（2）脊柱成波浪状节节贯穿，需要从腰椎开始发力，经胸椎至颈椎，并以身带臂，手臂在脊柱的带动下也成波浪状。

图115

（3）十指触地，指的是以十指指腹发力按于地面。为了有利于脊柱向上伸展，十指以不超过脚尖为宜，可改善练习者腰部筋肌力量和柔韧性，起到强健腰腿的作用。在脊柱向上伸展时，前腿膝盖用力下压，后腿膝盖自然伸直，并自然触地。

（4）根据不同年龄和身体状况，可采用高、低两种姿势，以调整动作难度和练习强度。姿势低、幅度大，对下肢力量及关节灵活性等要求较高，特别是对两手十指着地后的支撑能力要求较高；姿势高、幅度小，对下肢力量及关节灵活性等要求不高，两手十指不需要着地支撑，适合于年老体弱、下肢活动不方便者。

3. 动作功理

（1）本式动作的传世口诀有二：一为膀背用力，两足蹲开；前跪后直，十指拄地；腰平头昂，胸向前探；鼻息调匀，左右同之；二为两足分蹲身似倾，屈伸左右腿相更；昂头胸作探前势，偃背腰还似砥平；鼻息调元均出入，指尖著地赖支撑；降龙伏虎神仙事，学得真形也卫生。

（2）十指下按着地时抬头、挺胸、塌腰，伸展胸腹，刺激任脉。传统医学认为"任脉为阴脉之海"，可调理全身阴经之气，身体的后仰和胸腹的伸展，可使任脉得以疏伸及调养，调和手足三阴之气。

（3）活动螺旋线及后表线，但对脊柱整体的活动度更大。下半身为骑马势，配合深长且有节奏的腹式呼吸，通过上半身的俯仰和腹内压的调整可促进胃肠道的蠕动。

4. 文化内涵

（1）在养生文化中，多以比喻的方式对"龙"与"虎"进行描述，如"擒白虎（炼精化气）斩赤龙（炼血化气）"之说，指的是男女进入青春发育期后，男会遗精（白虎）、女有月经（赤龙），道家养生学称之为"身漏"。精与血为人体生命的"至宝"，也是人类繁衍生息的根本，所以道家养生的第一步是"百日筑基"，即"炼精化气和炼血化气",又名"堵漏"或"擒白虎斩赤龙",以达到张三丰在《无根树》中所讲的"顺则凡,逆则仙,只在中间颠倒颠"的效果。

(2)坐式八段锦中有"赤龙搅水津,鼓漱三十六,神水满口匀,一口分三咽,龙行虎自奔"的练功口诀。"赤龙"即舌,舌在口腔内上下左右运转,待津液满口后进行鼓漱36次。"神水"即津液,分做3次,要汩汩有声吞下。吞咽时用意暗示,并以目光内视送津液至丹田。"龙"即津,"虎"为气。津下去,气自随之,故称"龙行虎奔"。古人将叩齿、搅海、鼓漱、吞津称为"炼津",能反射性刺激消化腺体的分泌,增进食欲,改善消化机能。

(3)道士炼丹有很多隐语,"龙虎"是最基本的代称。龙属阳,生于八卦中的离卦,而离为火,故曰"龙从火里出";虎属阴,生于坎卦,而坎为水,这叫"虎向水边生"。在外丹术中,"龙虎"一般指代"铅汞",随着内丹学说的兴起,"龙虎"的寓意更加广泛,常用来比喻元神和元精,或者用青龙来指代"性",用白虎来指代"情",因为"性"在五行属木,木代表东方,是四象中的青龙,"情"在五行属金,代表西方,是四象中的白虎。

(4)内丹修炼常用"降龙""伏虎"表达练功过程中人体内部的生理变化。"龙"指心液或心阴,心在五行属火,火为阳性,但阳中有阴,心火所生的水特称"真水",喻称"真龙";"虎"指肾气或肾阳,肾在五行属水,水为阴性，但阴中有阳，肾水所生的火特称"真火"，喻称"真虎"。龙为心火、虎为肾水，通过意念运用（真意）使心火下降（降龙）而济肾水，肾水上润（伏虎）以制心火，则水火交合无间，故常用"龙虎共济"，即水火既济、心肾相交。

（5）古代著作中，有"屈伸左右骽相更"的表述，"骽"是"腿"的古代写法，读音同"腿"。现代有些著作将此句写为"屈伸左右髋相更"。

十二、打躬式

两手齐持脑，垂腰至膝间；
头惟探胯下，口更啮牙关；
掩耳聪教塞，调元气自闲；
舌尖还抵腭，力在肘双弯。

1. 动作说明

（1）接上式。两臂垂落，松拳变掌，随后两手侧平举后屈肘，手掌堵住耳孔，手指置于脑后，两肘外撑成直线，目光平视（图116、图117）。

图116　　　　　　　图117

（2）"鸣天鼓"7次（图118、图119）。

图118 　　　　　　　图119

123

（3）随着吸气，收腹低头，颈椎卷曲，保持两肘外撑，两膝自然伸直；随着呼气，颈椎放松还原，目光平视（图120、图121）。

图120 　　　　　　　　图121

（4）随着吸气，收腹低头，颈椎、胸椎依次弯曲，保持两肘外撑，两膝自然伸直；随着呼气，胸椎、颈椎依次放松还原，抬头，目光平视（图122、图123）。

图122 　　　　　　　　图123

技能篇

（5）随着吸气，收腹低头，颈椎、胸椎、腰椎依次卷曲，保持两肘外撑，两膝自然伸直；随着呼气，腰椎、胸椎、颈椎依次放松还原，抬头，目光平视（图124、图125）。

图124 　　　　　　　　图125

（6）两掌猛然、短促向外拔开，随后前推至手臂伸直，手心向前，手指向上，目光平视（图126、图127）。

图126 　　　　　　　　图127

2. 动作要点

（1）两肘始终保持用力外撑，这叫"力在肘双弯"；同时两掌向内用力压实耳孔，不管是"鸣天鼓"还是"打躬（躬身向下）"，两肘始终成直线。

（2）根据个人情况选择动作难易程度，可以3次都是全脊柱弯曲，也可以依次加大难度（加大脊柱弯曲度），提倡量力而行、循序渐进。脊柱屈伸时，应体会上体如"钩"一样的卷曲伸展运动，但患有高血压等症的练习者应根据自身情况选择性练习。

（3）两膝始终伸直，重心尽量保持稳定，在打躬时重心不要后移，体会腹部肌肉收紧发力的感觉。

（4）身体前屈时，从头部开始依次卷曲颈椎、胸椎、腰椎各关节，由上向下逐节缓慢地牵引，同时要求两腿伸直；身体伸展时，由骶椎开始依次向上缓慢地牵引腰椎、胸椎、颈椎各关节，直至脊柱伸直、身体直立。

（5）在身体前屈和起身时，要注意掩耳的两掌不要辅助用力，要由躯干主动地牵引拉伸。在身体前屈后、起身前，头颈部位要先放松，随后骶尾、腰椎再发力向上。

3. 动作功理

（1）本式动作的传世口诀为：两手齐持脑，垂腰至膝间；头惟探胯下，口更啮牙关；掩耳聪教塞，调元气自闲；舌尖还抵腭，力在肘双弯。

（2）肾开窍于耳，肾气足则听觉灵敏；耳通于脑，脑为髓之海，髓海赖肾的精气化生和濡养，肾虚则髓海不足，易致头晕、耳鸣。"鸣天鼓"有清醒头脑、消除大脑疲劳、令人耳聪目明和提高记忆力的功效。古代典籍描述其为"两手掩耳，即以第二指压中指上，用第二指弹脑后两骨做响声，谓之鸣天鼓（可去风池邪气）"。关于"鸣天鼓"的更多内容详见《二十四节气导引》一书。

（3）"督脉为阳脉之海"，沿头部正中线经头顶、前额、鼻至龈交穴止，总督一身阳经之气。通过头、颈、胸、腰、尾逐节牵引屈伸，背部的督脉得到充分刺激，可提升全身阳气。

（4）躬身和起身时，要求脊柱卷曲如钩，可以敛气入骨。腰为肾之府，肾主骨，卷曲脊柱，拉伸腰椎，可以增强肾的功能。更多内容详见《八段锦养生智慧》一书中"两手攀足固肾腰"章节。

（5）"口更啮牙关"的"啮"读音为niè，这句口诀的意思是咬紧牙关。有些著作将本句写为"口更齿牙关"。"舌尖还抵腭"指的是"卷舌塞喉"，舌尖反卷成90°，以舌尖底面顶到上腭部位。关于"舌抵上腭"的更多内容详见《二十四节气导引》一书。

4. 文化内涵

（1）"打躬"是模仿僧人鞠躬行礼的动作。鞠躬作揖、磕头行礼，历来为国人所重，这其中也包含着养生道理。南宋诗人陆游在《老学庵笔记·卷二》中记载："张延老名玧，唐安江原人。年七十余，步趋拜起健甚。自言夙兴必拜数十，老人血气多滞，拜则支体屈伸，气血流畅，可终身无手足之疾。"意思是说磕头可使身体柔软、气血流畅，张老虽已70多岁，但因为每天早上起来拜几十下，才得以一辈子没生过病。

打躬、磕头可以有效锻炼脊柱，刺激头部、躯干和手足经络，将气血引入头面，开窍醒脑，对颈椎病、腰椎病、脑供血不足症状有改善作用。

（2）"聪明"可以理解为"耳聪目明"。肾开窍于耳，肝开窍于目，"耳聪"和"目明"说明肾与肝的功能好。肝藏血，肾藏精，"聪明"说明身体健康，肝肾强健，精足血旺。有个成语叫"闭目塞聪"，闭上眼睛、堵住耳朵，形容对外界事物全不了解。口诀中的"掩耳聪教塞"即堵住耳朵之意。

（3）道士叩拜，首先八字站立，然后双膝下跪，两手落在垫子上，左手按在右手上，手心皆向下，成十字形，头与脊背同时向下伏成灵龟状，额头落在手背上，勿抬臀，切忌臀高于背。

（4）唐代玄奘大师在《大唐西域记》中记载："致敬之式，其仪九等：一发言慰问，二俯首示敬，三举手高揖，四合掌平拱，五屈膝，六长跪，七手膝踞地，八五轮俱屈，九五体投地。"

佛教"五体投地"法，第一，预备势，自然站立，全身放松，双手合十于胸前；第二，头部由颈椎一节一节向下、向前弯曲，至不能弯曲为止；第三，右手身前着地，左手向右手前一尺左右平行着地，右手前移与左手平行，两膝跪下，前额着地的同时，两手心慢慢翻转向上，两脚心也翻转向上，两腿、两臂、额头五体触地，停留片刻；第四，右手推地，左手立掌于胸前，由尾椎起，一节一节慢慢抬起整个脊柱，还原为预备势。

（5）在藏传佛教盛行地区有"磕长头"的礼佛方式，首先取立正姿势，一边诵六字真言，一边两手合十，高举过头，然后行一步；两手继续合十，移至面前，再行一步；两手合十移至胸前，迈第3步时，两手自胸前移开，与地面平行前伸，掌心向下按于地上，膝盖先着地，后全身俯地，额头轻叩地面。再站起，重新开始。在此过程中，手口并用，诵念不止。

（6）不管是哪种方式，在磕头过程中，头、心脏、全身和足底几乎拉平，拉开脊椎关节，脑脊液回流顺畅。跪地时使下半身与心脏接近，血流回心时不需耗费很多能量。脊椎向背部拱起，不致压迫腹腔，血流阻力小，使腹部、下肢血流供应丰富。磕头还可以拉伸和放松肩胛骨附近的肌肉、韧带，使肩关节灵活，肩部肌肉代谢产物顺利排出，缓解肩部僵硬、酸痛等症状。

十三、掉尾式

膝直膀伸，推手至地；
瞪目昂头，凝神一志。

1. 动作说明

（1）接上式。随着吸气，旋腕转掌心向里，边十指交叉边屈肘；随着呼气，两掌外撑至手臂伸直，目光平视（图128）。

图128

（2）随着吸气，屈肘回收；随着呼气，两掌下按至地面，保持两膝自然伸直（图129、图130）。

图129 　　　　图130

（3）随着吸气，抬头，脊柱向上伸展，背部成反弓状；随着呼气，向左转头；同时，臀部左摆，目视左臀部，背部保持不动（图131、图132）。

图131 　　　　　　　　图132

（4）随着吸气，头部和臀部转正；随着呼气，向右转头；同时臀部右摆，目视右臀部，背部保持不动（图133、图134）。

图133 　　　　　　　　图134

（5）一左一右为1遍，重复3遍后，随着吸气，抬头转正，保持挺胸、塌腰、翘尾；随着呼气，低头、屈膝、屈肘，身体放松，转手心向上（图135、图136）。

图135

图136

（6）随着吸气，两膝伸直，两手分开，手心向上，向身体两侧分开，目光平视（图137）。

图137

2. 动作要点

（1）两掌下按的高度因人而异，以能够保持脊柱反弓为前提。脊柱反弓时，姿势越低难度越大，因此，应选择合适的高度。转头摆尾时，"两头动""中间不动"，并始终保持脊柱的反弓。

（2）肢体柔韧性好的练习者，一般能够在两掌触地的情况下完成摇头摆尾的动作，但缺乏锻炼、身体柔韧性不好的练习者则相对困难，如果强求其在两掌触地的情况下摇头摆尾，则会导致手触地后不能形成抬头、挺胸、塌腰、翘臀的反弓姿势，使腰背如同龟背一样成弓背状，达不到应有的锻炼效果。所以，本式动作不要只追求动作难度和幅度，而是应该在确保动作规范的前提下根据自身条件选择合适的习练高度。

（3）高血压病、颈椎病患者和年老体弱者，头部动作应小而轻缓，并根据自身情况调整身体前屈和臀部扭动的幅度。

3. 动作功理

（1）本式动作的传世口诀为：膝直膀伸，推手至地，瞪目昂头，凝神一志。

（2）通过体前屈及抬头、掉尾的左右屈伸运动，可使任、督二脉及全身气脉在此前各式动作锻炼的基础上得以调和，使全身舒适、轻松。

(3）可强化腰背肌肉力量，改善脊柱各关节的运动功能。

4. 文化内涵

（1）中国人称虎为"百兽之王"，自古就有"虎崇拜"习俗。在《水浒传》"武松打虎"的故事中，虎的绝技是一扑、一掀、一剪，"一剪"指的是虎尾摆动的动作。此式中，"掉"的意思是"摇"，"掉尾"就是"摇尾"，这是一个模仿老虎摇尾的动作。

（2）虎之所以为百兽之王，其原因在于虎的身躯更柔软，脊柱更灵活，所以才更具有爆发力和战斗力。身体是否僵硬笨拙，主要表现在脊柱上，脊柱健康最主要的衡量标准是韧性、强度和弹性。

观察动物的奔跑和捕捉，脊柱主宰了身体的"缩涨"，使得动物在快速的奔跑中，如"弹簧"般窜进。脊柱是一个多关节的链接，每个关节都是一个动力机构，使得脊柱蕴含了强大能量，开发脊柱是为了把强大能量发挥出来。更多内容详见《二十四节气导引》一书。

（3）本式口诀中的"推手至地"在一些著作中也写作"推手自地"，"至"强调力作用于地，"自"强调力反作用于地，并无本质差别。

十四、收势

起而顿足，二十一次；
左右伸肱，以七为志；
更作坐功，盘膝垂眦；
口注于心，息调于鼻；
定静乃起，厥功维备。

1. 动作说明

（1）接上式。随着吸气，两手上举抱于头顶，与肩同宽，两掌掌心斜向下相对；随着呼气，两手手指相对从体前下按，至腹前分开垂于体侧，目光平视（图138~图140）。

共做3次。

图138

图139

图140

（2）第3次两掌下按到膻中穴高度时转掌心向内，缓缓向下引气归入下丹田（气海穴），两手在肚脐高度稍停（图141）。

图141

图142

（3）两臂垂于体侧，左脚收回，并步站立，目光平视（图142）。

2. 动作要点

（1）动息相随，动缓息长，按照"起吸落呼"的规律，动作与呼吸要协调配合，不强求呼吸一定配合手臂上举，主要是不要憋气，呼吸以舒适自然为宜，吸气满则自然呼气，呼气时手臂仍可上举。

易筋经所有动作均符合此规律，练习者不应拘泥文字要求，而是因人而异、因时（锻炼水平）而异。

（2）以意引气，以意导形。两手上捧下按，意念捧气贯顶、引气向下，前两次意念两手将下引之气通过涌泉穴入地，第3次意念两手将下引之气留存于下丹田。

3. 动作功理

（1）本式动作的传世口诀为：起而顿足，二十一次；左右伸肱，以七为志；更作坐功，盘膝垂眦；口注于心，息调于鼻；定静乃起，厥功维备。

（2）通过上导（捧）下引（按），安静心神、调匀呼吸、放松肢体，使身、息、心三者融为一体。

（3）气的运动称为气机，指人体内气的正常运行机制，包括脏腑经络等的功能活动，其基本形式为升降出入。通过收势将气归于丹田，可以促进气血的正常循环和脏腑功能的正常发挥，起到培元固本的效果。

4. 文化内涵

（1）从传世口诀可以看出，古代易筋经的动作和现代比较应有一定差异。以收势为例，古代应有提踵顿足、伸展手臂、打坐静心等内容，从侧面说明了收势的重要性。

（2）起势和收势是一套功法的重要组成部分。有些练习者还没有站稳或没有入静就匆忙开始练功，只会事倍功半。起势动作要简单易行，以利于心情放松，便于运用良性心理活动来促进生理活动过程。起势动作要求姿势中正、形体柔和、呼吸匀细、精神放松，追求在松静自然中进入恬淡虚无、物我两忘的空无境界，通过意识作用，控制和调节体内能量的积累、运行、转化、释放，使体内各个细胞、器官、组织之间的活动更加协调有序。

起势如播种，练功是管理，收势同收秋。收势最重要目的是引气归元，气归丹田。静功收势时，在气归丹田后要轻柔地活动身体。动功收势时，一般通过起落开合的动作引导元气下聚丹田，并通过自我拍打、按摩、搓手、浴面、梳发等促进气血循环，畅通经络。

（3）捧气贯顶，用"贯"而非"灌"，是取"贯穿""贯通"之意，用手把气捧起来，从头顶百会穴贯入，经过上、中、下三丹田贯通全身。捧气属于传统养生功法中的采气范畴，通过意念和上肢动作的配合，把自然清气采归自身，是传统哲学"天人合一"理念的生动体现。

（4）从字面意思来分析"丹田"，红色为"丹"，象征着"火""温热"，"丹田"即"结丹之田"，有句话叫"人身无处不丹田"，指的就是不管什么部位，意念所到、温热所生之处就是丹田。从狭义的角度来看，肚脐部位是人体重心所在处、植物神经最发达处、腰肾所在地，最易结丹，所以一般说的丹田特指"下丹田"，被称为"性命之祖""生气之源""五脏六腑之本""十二经之根""阴阳之会""呼吸之门""水火交会之乡""藏精之府"等。

丹田中心和丹田区域是两个不同的概念。丹田中心是一个点，常以穴位指代，如气海穴、关元穴、神阙穴等，并无确指。丹田区域则是"其大无外、其小无内"，人们常说的一片区域、拳头大小、乒乓球大小等是练功者的阶段性气感描述，所谓阶段性指的是不同练功阶段会产生不同感觉。

在易筋经练习中，下丹田中心是气海穴，下丹田区域是以气海穴为中心、一个如同自己拳头大小的区域，上缘为神阙穴，下缘为关元穴，悬在小腹内；中丹田中心是膻中穴；上丹田中心是两眉中间的印堂穴。三个丹田中心都排列在百会穴至会阴穴的连线上。更多内容详见《呼吸的养生智慧》一书。

（5）虽然动作中有很多"随着吸气""随着呼气"要求，但习练时不要死板教条、生搬硬套，不要被要求所束缚。

"呼吸自然"是易筋经锻炼时呼吸的纲领性要求，即使要求"随着吸气""随着呼气"在练功的某一阶段中是正确的，但并不适用所有人。

练功实践告诉我们，按照起吸落呼的要求，下蹲的时候应该是呼气，而偏偏有的人下蹲的时候喜欢吸气，养成习惯以后练得很有成效，这样的事例不乏其人。所以，养生锻炼因人制宜，不要硬生生地去套哪个动作非要吸气或者非要呼气不可。

比如韦驮献杵第二式，要求随着吸气，抬肘，转掌心向下，指尖相对，两臂放平；随着呼气，两掌转指尖向前慢慢推出，至手臂伸直、与肩同宽。似乎一吸一呼完成了两个动作，无可挑剔，非常完美。但是，上面讲到了慢练，如果这两个动作在慢练时用了两分钟时间，那一吸一呼就不行了，所以一定要遵循呼吸自然的基本原则。

建议初学者不要给自己规定得太细致，太细致了反而适得其反。随着练功阶段的递进和练功水平的逐步提高，练习者应逐渐养成习惯，形成稳定的动力定型。

（6）练习完毕，两脚并拢，两手自然垂于体侧，目光平视，提踵时，要感觉到不是脚后跟向上提，而是头顶向上提，头顶用力，把全身缓慢地向上提起来，与脚趾向下抓地形成对拉的力，向反方向运动。

　　头顶、两肩、脊柱、臀部、两腿、两脚，全身慢慢提起，头顶向上、脚趾向下，把整条脊柱充分拉长。再慢慢下落，要有一种身体往下落，但小腿后侧肌肉收紧阻止下落的感觉，大约落至一半的距离。然后全身放松，让脚后跟自由落体，轻轻落到地面上，起到震动身体的作用。落地的瞬间，牙齿轻轻叩一下，起到减震的作用。

　　"起而顿足"共做21次。

　　"肱"读作gōng，指的是胳膊由肘到肩的部分，泛指胳膊（肩以下、手腕以上的部分）。有个成语叫"曲肱而枕"，意思是枕着弯曲的胳膊睡觉，形容生活无忧无虑。

　　"左右伸肱"就是伸展左右手臂的意思，两手侧举、上抱、下按，引气归入丹田，共做7次。

　　关于顿足（颠足）和次数的具体内容请详见《八段锦养生智慧》一书。

　　眦（zì），指眼角。垂眦指的是垂帘，眼睛七分闭三分开，微微留一缝。

　　在打坐时，两手合十于胸口（即守中），两腿相盘，垂帘入静，调匀呼吸，心息相依，进入到入静状态。静坐一段时间（具体时长因人因时而异）然后叩齿、搅海、鼓漱、吞津、搓手、浴面、梳头、按摩、拍打穴位、活动肢体，慢慢恢复常态。具体要求请详见《二十四节气导引》一书。

易筋经某些流派要求，在做完手臂动作以后，两手虎口交叉（男性左手在里，女性相反）贴于肚脐，向斜上方提膝，让鹤顶穴指向小腹，称为"鹤顶找丹田"，是让下肢经络之气归入丹田的一个方法。

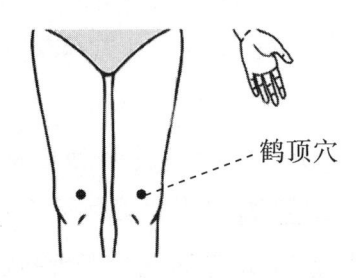

鹤顶穴

扫码看全套
正面视频

扫码看全套
背面视频

易筋经
练习口令1

易筋经
练习口令2

易筋经
练习口令3

易筋经养生智慧

拓展篇

联合国于2014年12月11日宣布,为提高全世界民众对于练习瑜伽可以带来诸多益处的重视,将每年的6月21日定为国际瑜伽日。

2016年12月,瑜伽被列入《人类非物质文化遗产代表作名录》,联合国教科文组织评价说:"瑜伽的诞生,是被用于帮助个人实现自我,缓解他们经历的各种痛苦,并帮助达到一种解脱状态。不分老少都在练习,它也跨越了性别、阶层和宗教的界限。"

瑜伽原本是古印度的哲学流派之一,具有完备的锻炼身心的理论和实践方法。唐宋时期典籍所记载的"天竺国按摩法""婆罗门导引法"等标志着作为健身养生方法的瑜伽术已经在中国进行传播。

瑜伽术的练习包括姿势、冥想、控制呼吸等,习练者认为,身体和灵魂的统一结合可以促进人的精神和身体健康。

著名作家林语堂在《苏东坡传》中写道,中国的修炼者不知道那是瑜伽,称之为"打坐",或"静坐""内省""冥思",或是其他佛道两家的名称。自然其他身体扭曲过甚的姿势,如"孔雀姿""鱼姿",中国学者以其过于费劲,拒而不学,而苏东坡也只是以练几个舒服姿势为满足,这未尝不可以说算是中国对瑜伽的贡献。

从林语堂的描述中,我们可以知道在20世纪40年代中国人已经从内涵和形式两个方面,对印度瑜伽与本土导引进行了深入思考和细致比较。

瑜伽认为，人体内有"三脉七轮"，中华传统养生则讲究锻炼五脏六腑、十二正经及奇经八脉；瑜伽模仿动物姿势创造出上百个体式，易筋经、五禽戏、八段锦等也大量模仿动物姿势及日常生活动作……

从动作角度来看，易筋经具有拧转肢体、抻拔筋骨、强调柔韧等特点，与大众对瑜伽练习注重拉伸、柔软等方法具有较大相似性，所以易筋经也被称为"中国瑜伽"。

当然，这种相似性只限于动作层面，在呼吸控制和心意调整方面，易筋经和瑜伽还具有较大不同。本书限于篇幅，只从"调身"也就是姿势方面，对两者进行简单对比，以抛砖引玉，引发读者更深入的思考。

同时，易筋经流派众多，同一动作虽名称相同，但具体练习方法可能迥然相异，本书试举几例，以供读者拓展思路，不当之处，欢迎指正。

一、起势与山式站姿

1. 山式站姿的动作

（1）两脚并拢站立，大脚趾相触，脚后跟微微分开，或者两脚分开，与肩同宽，保持平行。随着吸气，上提并尽量张开十个脚趾；随着呼气，轻轻落回地板上。体重在脚底前后左右均匀分布，并轻轻压住地面，感觉两脚好像入地生根一般（图143、图144）。

图143　　　　　　　图144

（2）大腿前侧肌肉收紧，膝盖上提，以减轻膝盖压力；大腿内侧收紧，带动大腿外侧内旋，保持双腿向上伸展。

（3）内收腹肌，两臀微夹，卷尾骨并稍向前送，卷臀，保持骨盆在水平位置。

（4）吸气时，让胸腔饱满尽量上提，呼气时，打开胸腔，两肩向后下沉，肩胛骨向脊柱方向夹紧，两臂、两手向下延伸。

（5）腰部延伸，肋骨上提，拉长脊柱。

（6）下颌内收，头顶、肩膀、骨盆保持水平，身体重心垂直分布在两腿上。眼神柔和，面部放松，目光平视。

2. 山式站姿的要点

（1）全身除两脚往下紧压，其他部位全部往上提，感到身体轻盈挺拔。

（2）体重要均匀地分布在两个脚掌，确定从前脚掌到脚跟、内缘到外缘都承担相同的重量。

（3）所有关节均对齐：膝盖在脚踝之上，髋部在膝盖之上，肩膀在髋部之上，两耳在两肩的正上方。脊椎随着自然弧度逐节排列，想象头顶正中有根绳子往上轻拉着身体。

（4）瑜伽练习一般使用顺腹式呼吸，与易筋经锻炼所要求的逆腹式呼吸在形式上正好相反，具体内容详见《八段锦养生智慧》和《呼吸的养生智慧》二书。

3. 山式站姿的功效

（1）臀部、腿部肌肉健康有弹性。

（2）增强脚部力量。

（3）培养良好的体态。

（4）山式的根基是两脚脚掌和脚跟、对称线是整条脊椎，体会到根基和对称线的山式才是真正意义上的山式，可以让身体更加挺拔、胸部更加宽广、肩部不断打开、呼吸效率不断提高，让练习者具有能量和平衡性，内心平静如水。

二、韦驮献杵第一式与礼敬式

1. 礼敬式的动作

（1）山式站姿，两脚并拢或分开同肩宽，两手胸前合十；脚掌铺平，两腿向上收紧（图145）。

图145

（2）尾骨内卷，收腹提肋，肩膀后展下沉。头正颈直，下颌微收。

（3）两前臂成一直线与地面平行，大拇指抵住胸口（心轮）。闭眼，鼻吸鼻呼，呼吸缓慢、均匀、深长。

2. 礼敬式的要点

（1）两手胸前合十，手指分开，手心并拢，手掌相互对推，同时上臂后推，保持前臂平行于地面，让手臂力量传到后背，以缓解含胸、耸肩等不良体态。

（2）两肩外展下沉指向臀部，锁骨向两侧展开，头顶引领脊柱向上延展，两肘下沉指向地面。

3. 礼敬式的功效

（1）安静心神、平稳情绪，可进行唱诵。

（2）缓解肩颈、背部的肌肉紧张，保持脊柱的中正挺拔。

（3）心轮位于胸部正中，在瑜伽七大脉轮中位于中间，打开心轮会感觉到心情轻松愉快、平静喜悦。

三、韦驮献杵第二式与山式侧平举

1. 山式侧平举的动作

（1）按照山式站姿的动作要求，两脚分开，与肩同宽。

（2）两臂侧平举成一直线，十指尽量张开，指尖向外延展（图146）。

图146

（3）立掌，指尖向上，手指尽量张开，掌根向外延展（图147）。

图147

2. 山式侧平举的要点

（1）两臂侧平举时，两肘伸直，两肩下沉，指尖先向外用力延展，后掌根用力向两侧推出。

（2）头、躯干和下肢动作的要点同山式站姿。

3. 山式侧平举的功效

（1）扩展肺部从而强化呼吸功能。

（2）坚持习练可以带来轻盈均衡的身心感受。

四、韦驮献杵第三式与摩天式

1. 摩天式的动作

（1）按照山式站姿的要求，两脚分开，与肩同宽，脚趾指向正前方。

（2）随着吸气，将两手从体侧向上伸展，至两手在头顶十指交叉，翻掌上撑。

（3）继续吸气，一边伸展脊柱，一边慢慢踮起脚跟，重心前移，收紧腹部、背部、腿部肌肉，最后让脚趾支撑住身体。保持数个深长的呼吸（图148、图148附图）。

图148 　　　　　图148附图

（4）随着呼气，重心后移，落下脚跟；同时，手臂下落，还原成山式站姿。

2. 摩天式的要点

（1）大腿内侧和脚踝内侧收紧，脊柱向上延展。

（2）眉心放松，眼睛凝视，固定一点。

（3）收紧肋骨不要外翻，收紧腹部肌肉，保持身体平衡。

3. 摩天式的功效

（1）增强脊柱柔韧性，对久坐不动、脊柱僵硬人士较有帮助。

（2）加强消化功能系统，改善消化不良，缓解便秘等。

（3）改善肩关节活动功能，防治肩周炎；紧实手臂和侧腰肌肉。

（4）加强脚踝稳定性，提高身体平衡能力。

五、摘星换斗式与站立腰躯扭转式

1. 站立腰躯扭转式的动作

（1）按照山式站姿的动作要求，两脚分开，与肩同宽。

（2）随着吸气，两臂侧平举，右手置于腰背处，左手置于右肩，左臂平行于地面，脊柱向上延展。

（3）随着呼气，骨盆保持中正，躯干向右扭转，两膝和脚尖指向正前方，目视右后方。保持数组呼吸（图149、图149附图）。

图149 　　　　　图149附图

（4）随着吸气，躯干回正，两臂侧平举。

（5）随着呼气，两臂收回，还原山式站姿。

2. 站立腰躯扭转式的要点

(1) 吸气时伸展,呼气时扭转。

(2) 骨盆保持中正,两肩在同一平面,两膝与脚尖指向正前方,至腰椎以上扭转。

(3) 椎间盘突出及脊柱严重侧弯者谨慎练习。

3. 站立腰躯扭转式的功效

加强肩、腰、背部肌肉的灵活性,刺激脊柱神经,缓解腰背疼痛。

六、倒拽九牛尾式与战士二式

1. 战士二式的动作

（1）从山式站姿开始，两脚平行，分开约两倍半肩宽，右脚外摆90°，左脚内扣15°，右脚跟对准左脚足弓中心，髋关节摆正，右大腿外旋，右膝对准第二、第三脚趾，身体朝向正前方。

（2）随着吸气，双臂侧平举，掌心向下；随着呼气，屈右膝，左右髋部和骨盆保持水平，右膝在脚踝正上方，右膝对准第二、第三脚趾，右侧臀部有意识地向前，右腿向后，互相对抗，感受大腿内侧拉伸。

（3）随着吸气，伸展脊柱向上，重心保持在两腿之间。随着呼气，水平转头右视（图150）。

图150

（4）随着吸气，转头回正，两腿用力缓慢立直；随着呼气，两臂下落至身体两侧，转两脚脚趾向前，还原成山式站姿。

2. 战士二式的要点

（1）手臂侧平举时，手腕约位于脚踝上方，如果手腕连线长度远大于脚踝连线长度，说明两脚分开间距不够，屈膝时膝盖容易超过脚尖从而磨损膝关节。

（2）屈膝腿的膝盖不要内扣，与脚尖保持在同一方向。

（3）屈右膝时，右大腿下面的肌肉收紧上提，右侧臀部收紧前推，左臀向后，尽量保持两侧臀部位于一个平面，同时左腿内侧肌肉收紧，左脚内外平均用力压实地面，左脚尖对准左膝盖。

3. 战士二式的功效

（1）灵活髋关节，增强腰部、臀部、两腿和手臂肌肉力量，特别增强大腿内侧肌肉力量，塑形增肌。

（2）增强平衡功能和专注力。

七、出爪亮翅式与展臂式

1. 展臂式的动作

（1）按照山式站姿的要求，两脚分开，与肩同宽。

（2）随着吸气，两手向上高举过头，上臂贴耳，掌心相对，两肩下沉，目视前方。保持数次呼吸（图151）。

（3）随着呼气，两手缓慢下落至身体两侧。

2. 展臂式的要点

（1）大腿前侧肌肉收紧上提，脊柱向上延展，肩胛骨内收。

（2）收腹、收肋骨，注意肋骨不要外翻。

图151

3. 展臂式的功效

（1）增强下肢力量和稳定性，增强脊柱和肩关节的灵活性。

（2）伸展腹部，促进消化；舒展胸腔，促进血液循环；舒展腋窝，改善淋巴循环。

（3）塑造手臂肌肉线条。

八、九鬼拔马刀式与牛面式（站姿）、幻椅式扭转

1. 牛面式（站姿）的动作

（1）按照山式站姿的要求，两脚分开，与肩同宽。

（2）举起右臂，手心向前，屈肘，手指顺着脊柱向下伸展，肘尖垂直向上；同时，屈左肘，手心向外，手指顺着脊柱向上伸展；十指相扣（图152、图152附图）。

（3）保持数次呼吸以后松开两手，还原成山式站姿。

图152　　　　　　图152附图

2. 牛面式（站姿）的要点

①手臂尽量向上和向后伸展，充分打开胸腔，手肘高于头顶，两肩保持放松，耳朵和肩膀之间保持一定距离。

（2）骨盆保持中正，脊柱向上延展，拉伸两侧腰肌。

（3）如果十指不能相扣，可借助辅助工具如毛巾等，或两手尽量靠拢。

3. 牛面式（站姿）的功效

（1）增强肩关节灵活性，打开胸腔以促进全身血液循环。

（2）增强脊柱柔韧性和背部肌肉力量，使体形更加挺拔。

4. 幻椅式扭转的动作

（1）按照山式站姿的要求，两脚分开，与肩同宽。

（2）随着吸气，两手从身体两侧上举至与肩同宽，延展脊柱向上；随着呼气，屈膝臀部下坐，保持两膝向前不要超过脚尖，腹部收紧，不要塌腰，两肩下沉，胸腔上提，成幻椅式。保持数次呼吸（图153）。

图153

（3）随着吸气，延展脊柱；随着呼气，两手屈肘胸前合十，向右侧扭转腰腹，将左肘抵在右膝盖的外侧，使两者产生对抗的力量。左侧臀部向后推，保持骨盆水平（图154、图155）。

图154　　　　图155

（4）随着吸气、延展脊柱；随着呼气，加深扭转幅度，将右侧肩膀向外、向后展开。

（5）保持数次呼吸后，随着吸气，解开两手高举过头顶，身体回正；随着呼气，两手带动身体还原成山式站姿。随后练习另一侧。

5. 幻椅式扭转的要点

拉长侧腰，稳定两膝，扭转躯干，打开肩膀，伸展背部。

6. 幻椅式扭转的功效

（1）使腹部脏器在扭转过程中受到挤压按摩。

（2）增强脊柱和肩关节柔韧性及灵活度。

（3）增强腿部力量和平衡能力。

九、三盘落地式与下蹲平衡式、英雄坐

1. 下蹲平衡式的动作

（1）按照山式站姿的要求，两脚分开，与肩同宽，然后脚尖外撇，膝盖保持与脚尖方向一致，两手胸前合十。

（2）随着吸气，脊柱向上延展；随着呼气，屈膝屈髋，臀部垂直向下蹲坐，手肘分别抵住膝盖内侧，肘与膝互推，保持背部向上延展（图156）。

图156

（3）保持数次呼吸后，解开两手垂于身体两侧，伸直两膝。

2. 下蹲平衡式的要点

（1）保持背部向上延展的同时收紧两腿和腰臀的肌肉，以稳定身体支撑。

（2）肘外侧抵在膝内侧，肘用力外撑、膝用力内夹。

3. 下蹲平衡式的功效

（1）拉伸背部肌肉，缓解腰骶不适。

（2）灵活髋关节，缓解膝、踝关节不适。

（3）按摩腹部脏器，改善便秘和消化不良。

（4）促进骨盆区域血液循环。

4. 英雄坐的动作

（1）从两膝并拢跪坐在地板上开始，两脚并拢，脚心向上，臀部坐在两脚上，两手放在大腿上，脊柱向上延展，目光平视。

（2）两膝并拢，两腿和两脚分开，臀部坐在两脚间，两大腿的外侧与小腿内侧相触，脚尖平贴地面（图157）。

图157

（3）保持数次呼吸后，缓缓向前伸直两膝。

5. 英雄坐的要点

（1）如果臀部不能触地或者可以触地但关节紧张，可以在臀部下方垫上毛巾等，以防止关节或肌肉受伤。

（2）两膝下压，保持脚尖向后；收腹，保持脊柱向上。

（3）有些流派三盘落地式的动作要求为：两膝并拢，两腿、两脚分开，臀部坐在两脚间，屈脚踝，脚趾向外，脚心向后，两手按在两膝前的地板上，两臂自然伸直，伸展背部，抬头上视（图158）。

图158

6. 英雄坐的功效

（1）拉伸股四头肌群和胫骨前肌等腿部肌肉，拉伸膝、踝关节，缓解下肢肌肉疲劳，防治下肢关节损伤。

（2）拉伸髋关节周围的结缔组织，促进下肢血液循环。

十、青龙探爪式与三角扭转式

1. 三角扭转式的动作

（1）按照山式站姿的要求，两脚分开，约两倍肩宽，右脚外摆90°，左脚内扣60°，右脚脚后跟和左脚足弓在一直线上，骨盆保持中正，脊柱向上延展。

（2）随着吸气，两手体侧平举；随着呼气，躯干与左腿同时向右转，左手掌落于右脚外侧，右手臂向上伸展，两手臂成一直线，目视右手方向（图159）。

（3）保持数次呼吸后转正，随后进行对侧练习。

图159

2. 三角扭转式的要点

（1）两脚均匀承担体重，大腿内侧收紧，脚趾抓地，保持重心稳定。

（2）两大腿上提收紧，加大身体扭转幅度。

（3）两臂成一直线，指尖和手臂向远方延伸；打开胸腔，避免耸肩。

3. 三角扭转式的功效

（1）增强腿部和臀部肌肉力量。

（2）增强脊椎特别是下背部的血液循环，缓解背部僵硬，延展脊柱。

（3）按摩腹部，强化腹部器官功能。

十一、卧虎扑食式与战士一式、骑马式、单腿下犬式

1. 战士一式的动作

（1）按照山式站姿的要求，两脚分开，两倍肩宽，右脚外摆90°，左脚内扣30°，身体随之右转90°，右脚脚后跟和左脚足弓在一直线上，骨盆保持中正，脊柱向上延展。

（2）屈右膝，右脚和小腿呈90°角，小腿和大腿呈90°角，成右弓步。

（3）随着吸气，两手从身体两侧上举至头顶上方合十，保持肘部伸直；随着呼气，抬头目视指尖。保持数次呼吸（图160）。

（4）随着吸气，头部回正目光平视，伸直右膝；随着呼气，两手分开垂于身体两侧。随后两脚回正进行对侧练习。

图160

2. 战士一式的要点

（1）两脚间距以前小腿与地面垂直、小腿与大腿成90°角为最佳，可根据个人情况进行调整。

（2）手臂向上延伸时带动身体向上，不要将身体重量过多地放在髋部和腿部。

（3）打开两肩，扩张胸腔，保持脊柱向上延展。

3. 战士一式的功效

（1）增强足弓、脚踝、膝关节和腿部的肌肉力量，增强意志力，增强平衡功能及注意力。

（2）打开髋部和肩部，扩张胸腔，改善消化系统和循环系统的功能，缓解坐骨神经痛等症状。

（3）减少腰腹部多余脂肪，消除下背部及肩部的肌肉紧张，增强骨盆稳定性，缓解肩颈和背部的僵硬。

4. 骑马式的动作

（1）在战士一式的基础上，保持前脚和前腿姿势不变，后脚和后腿向后伸展、贴地，两手放于前脚两侧。

（2）随着吸气，伸直腰背和手臂；随着呼气，两手压实地面，打开两肩，沉髋收腹，伸展后腿，后脚和后腿用力下压；同时，胸部前推、背部伸展，向上延伸头颈，目光上视（图161）。

（3）保持数次呼吸后，慢慢还原成战士一式。对侧练习动作同上，唯方向相反。

图161

5. 骑马式的要点

（1）量力而行，不要超过自身承受力度。腰椎、肩背不便者更要注意把握尺度。

（2）两肩下沉，不要耸肩；拉伸腰椎、胸椎和颈椎，身体和头颈要缓慢持续地向上、向后用力伸展。

（3）保持前脚压实地面，前小腿与地面垂直，髋部用力下沉。

6. 骑马式的功效

（1）增强腿部肌肉力量和平衡功能。

（2）扩展胸腔，灵活髋关节和肩关节，增强脊柱弹性。

7. 单腿下犬式的动作

（1）两手、两膝和两脚背着地成跪姿，保持与肩同宽，躯干和头颈与地面平行，两臂伸直（图162）。

图162

图163

（2）勾脚，脚尖点地，伸直两膝，两手推地，臀部上提，背部伸直，脊柱向头顶方向延展；打开两肩，尽量全脚掌踩实地面，目视大脚趾，成下犬式（图163）。

（3）慢慢向上抬起一条腿，保持膝盖伸直、脚面绷直，脚掌、小腿、大腿成一直线，保持背部和脊柱向头顶方向延展，成单腿下犬式。保持数次呼吸（图164）。

（4）缓慢还原成跪姿（同图162）。对侧练习动作同上，唯方向相反。

图164

8. 单腿下犬式的要点

（1）单腿上伸时，不要翻髋，支撑腿要保持不动，上伸腿要与支撑腿部在一个平面内伸展。

（2）支撑腿要用力向下踩，膝盖伸直，脚掌着地，大腿肌肉收紧，脚后跟、腘窝、臀部、坐骨成一直线。

（3）手掌用力推向地面，手臂、躯干、坐骨、上伸腿成一直线。

（4）放松两肩和颈项，头颈和脊柱成一直线。

9. 单腿下犬式的功效

（1）伸展腰背部，缓解腰背部肌肉疲劳；改善驼背等不良体态，增强脊柱弹性。

（2）增强手臂肌肉力量，改善头部供血状况；调理腹腔内分泌情况。

虎尾腿铁牛耕地

有些流派的卧虎扑食式动作称虎尾腿铁牛耕地，要求如下。

（1）定势以后，两手前移，十指指腹着地，随之身体重心前移，直膝向后、向上举起一条腿，另一腿脚尖蹬地（图165）。

图165

图166

（2）含胸低头，身体向下、向前探出，重心前移，抬头、挺胸、塌腰，躯干呈反弓形，上举腿伸直（图166）。

（3）含胸，身体放松，重心后移；上举腿落地，两手还原至前脚侧（图167）。

对侧动作唯左右相反。

图167

十二、打躬式与站立前屈伸展式

1. 站立前屈伸展式的动作

（1）按照山式站姿的要求，两脚分开，与肩同宽，随着吸气，脊柱向上延展；随着呼气，以腹股沟为折点，身体前屈靠近两腿，两手放于两脚两侧，保持两腿与地面垂直。

（2）随着吸气，打开胸腔，延展脊柱，抬头目视前方；随着呼气，向下延展背部，放松颈部，头顶向地面延展，双肩沉向背部（图168）。

图168

（3）保持数次呼吸后，慢慢还原成山式站姿。

2. 站立前屈伸展式的要点

（1）从腹股沟开始折叠躯干，保持躯干伸展，向前、向下弯曲躯干时上提胸腔。

（2）两脚重心均匀落在整个脚掌上，膝盖不要过度向后用力，将尾骨尽量指向天花板，保持两腿与地面垂直。

（3）不要以滚动脊椎的方式抬起躯干，应收两手于身体两侧，向下、向前收紧尾骨，随着吸气抬起保持伸展的躯干。

3. 站立前屈伸展式的功效

（1）延展腘绳肌及腿部后侧肌肉，缓解腿部不适。

（2）提高消化功能，增强脊柱灵活性，缓解疲劳和焦虑。

十三、掉尾式与猫伸展式、眼镜蛇扭转式

1. 猫伸展式的动作

（1）四肢着地成跪姿，手臂伸直，手心向下压实地面，两手、两膝、两脚分开，与肩同宽，脚背着地，脚趾自然向后。

（2）随着吸气，脊柱下凹，胸部和臀部上提，两手用力下压，保持手肘伸直，目视前上方；随着呼气，脊柱和背部拱起，下颌和臀部内收，目视肚脐（图169、图170）。

图169 　　　　　　　图170

（3）重复数次后，两膝两脚并拢，两手置于两大腿上，臀部坐在脚后跟上（图171）。

图171

2. 猫伸展式的要点

（1）动作配合呼吸，呼吸均匀细长，动作连贯顺畅。

（2）手臂、两腿保持与地面垂直，骨盆在膝盖的正上方，肩膀在手腕的正上方。

（3）吸气时，先卷动尾骨向上，让腹部、胸部、颈部、头部依次向上延展，目视前上方，放松两肩，微屈手肘；呼气时，先卷尾骨向下，让尾椎、腰椎、胸椎、颈椎依次拱起向上，眼看肚脐或膝盖。重复以上动作，体会脊柱节节流动的感觉。

3. 猫伸展式的功效

（1）放松肩颈，缓解背痛，使脊柱更富有弹性。

（2）改善血液循环，增进消化功能。

4. 眼镜蛇扭转式的动作

（1）俯卧地面，下颌触地，目视前方。两脚略分开，手掌放于胸部两侧。

（2）随着吸气，依次抬起头、颈、肩、胸、背部，使上身抬离地面，伸直两臂支撑上身，目视前方。抬升身体时，不要依靠手臂的力量，要用背部力量（图172）。

图172

（3）随着呼气，将头、颈、肩、背部向左后方扭转到最大限度，注视左脚脚后跟（图173）。

（4）随着吸气，将头、颈、肩、背部转回到中间；随着呼气，进行对侧练习。重复数次后，还原成俯卧姿势。

图173

5. 眼镜蛇扭转式的要点

（1）腹部内收以缓解腰椎压力，保持腰椎直立。

（2）两肩下沉，打开胸腔，臀部发力内收。

（3）配合呼吸进行身体的缓慢扭转，不要过度伸拉，以感觉呼吸自然舒适为宜。骨盆和尾骨内收以确保下背部肌肉的安全。

6. 眼镜蛇扭转式的功效

（1）增强消化功能，改善便秘症状，促进新陈代谢。

（2）增加背部、手臂和肩膀的柔韧性与力量，缓解颈部和背部的紧绷僵硬，防治背痛。

附录一 筋膜链图

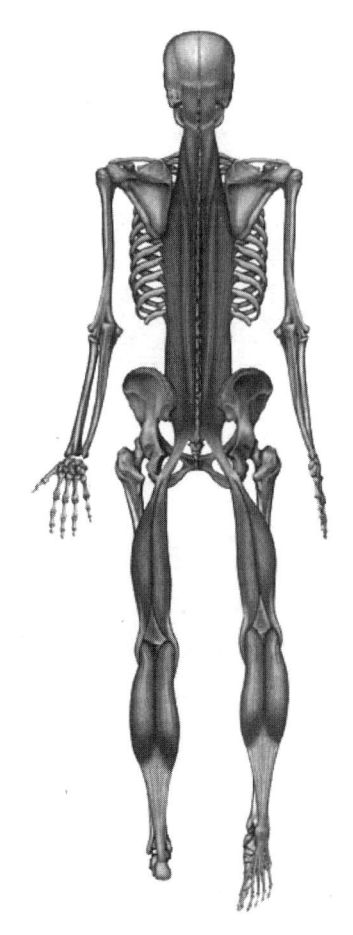

后表线

后功能线

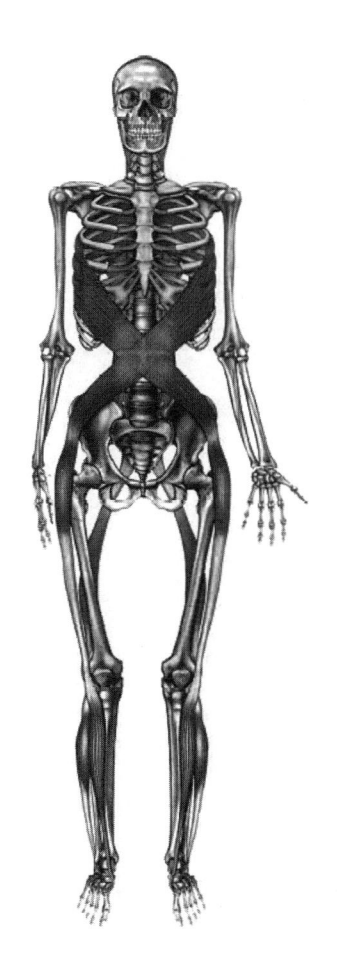

螺旋线

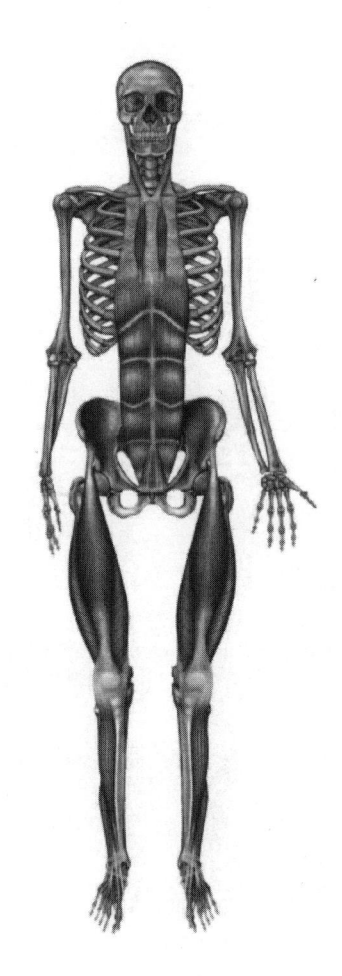

前表线

附录一　筋膜链图

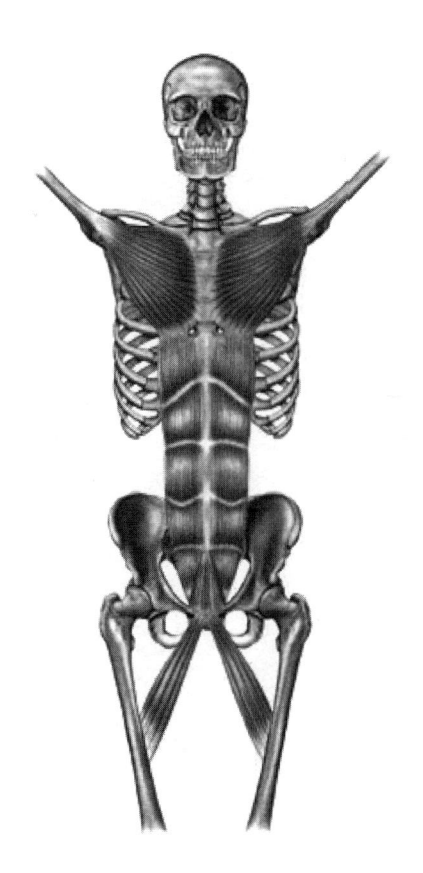

前功能线

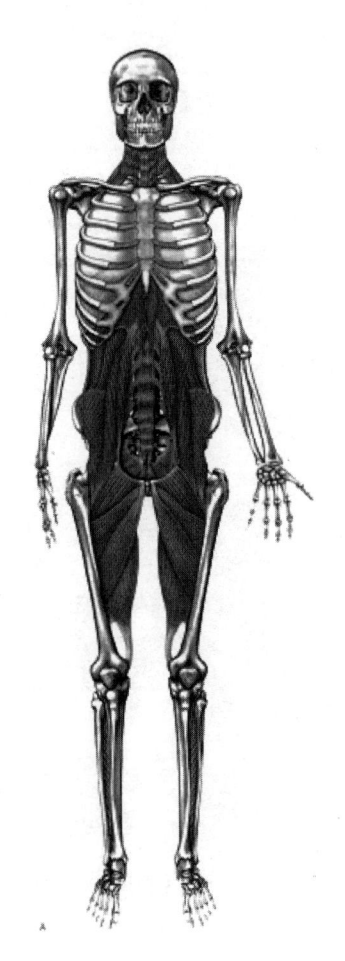

前深线

附录一 筋膜链图

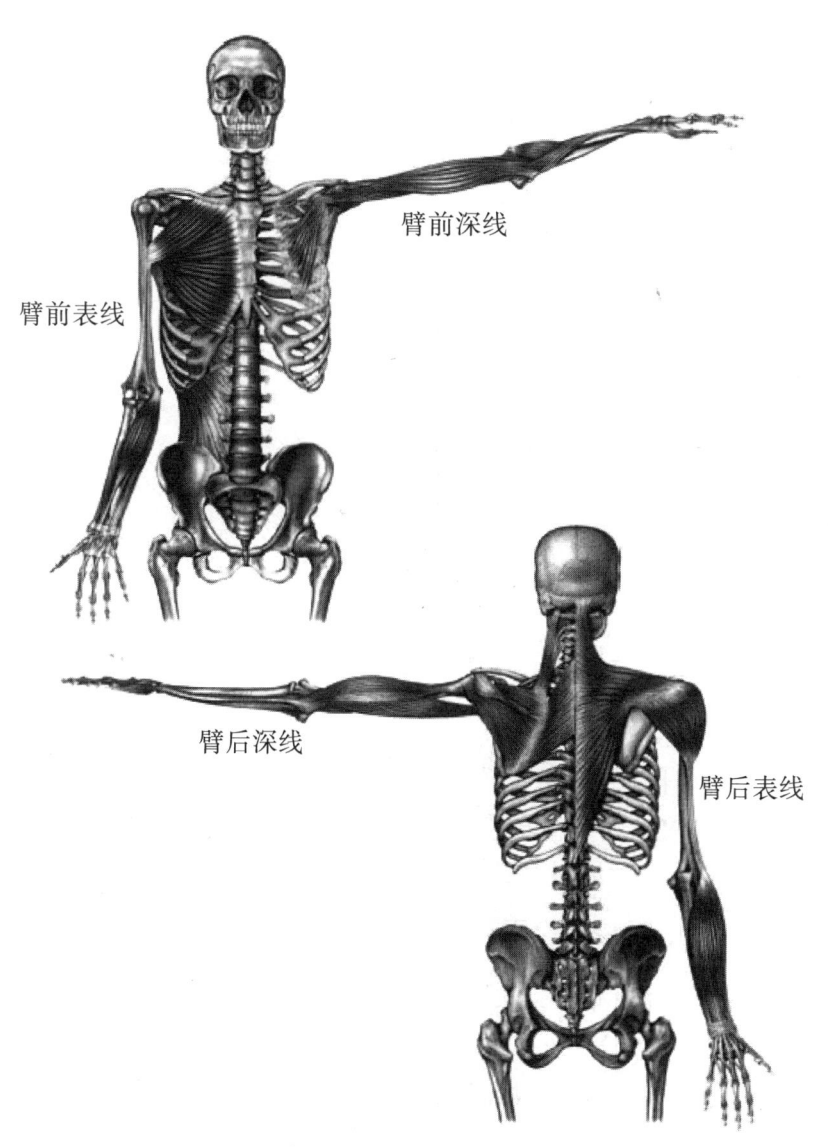

臂前深线

臂前表线

臂后深线

臂后表线

上肢前深、前表、后深、后表线

199

体侧线

附录一 筋膜链图

同侧功能线

附录二 十二经筋图

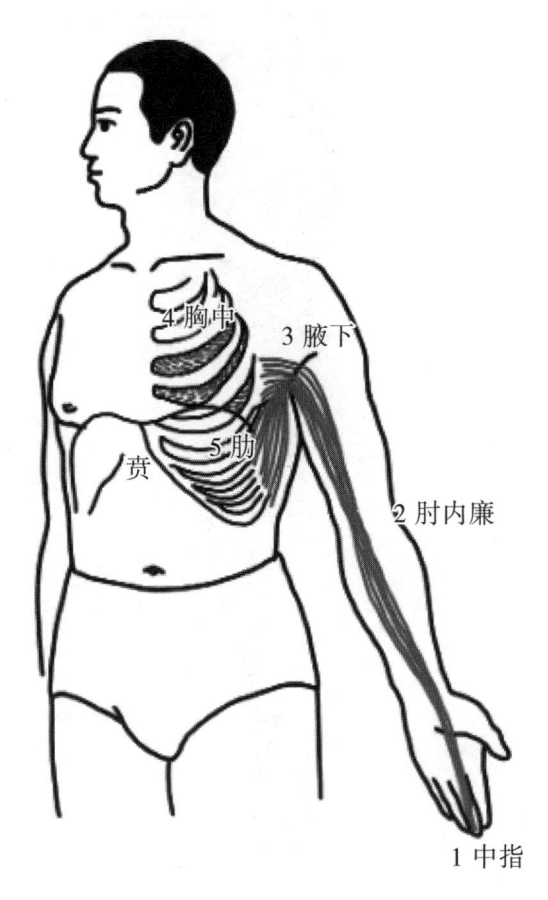

手厥阴心包经筋

附录二 十二经筋图

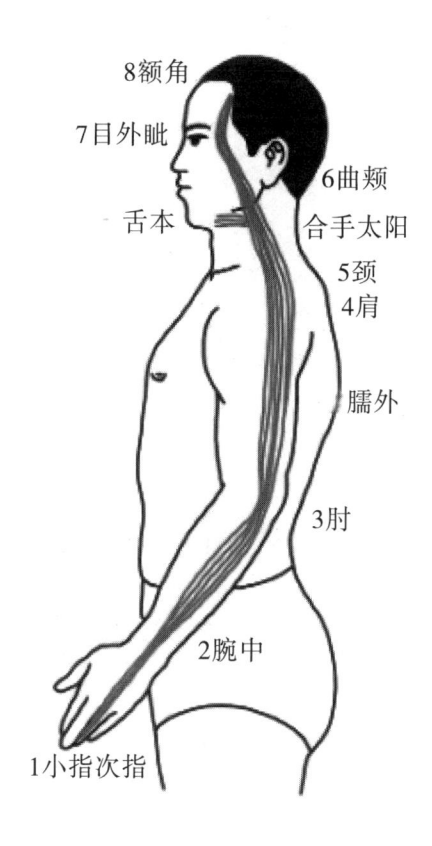

8额角
7目外眦
舌本
6曲颊
合手太阳
5颈
4肩
臑外
3肘
2腕中
1小指次指

手少阳三焦经筋

203

肩解

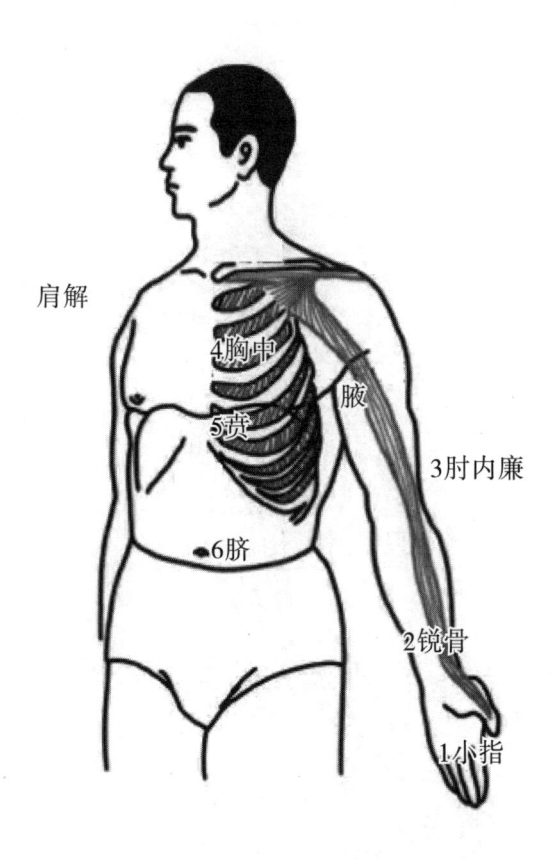

4胸中

腋

5贲

3肘内廉

6脐

2锐骨

1小指

手少阴心经筋

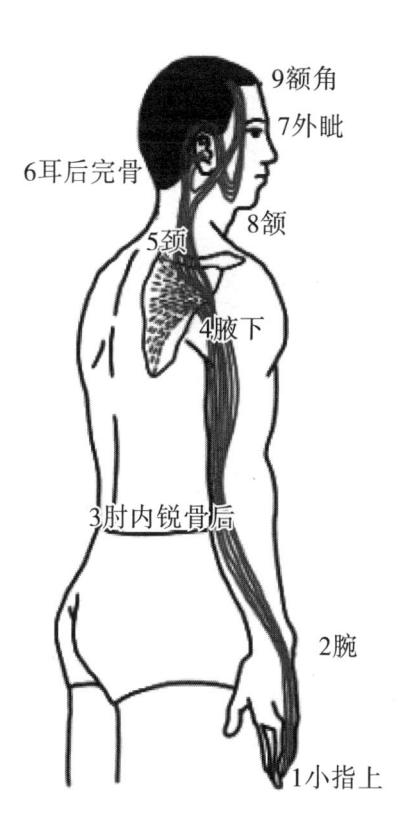

手太阳小肠经筋

6 缺盆　5 肩前髃

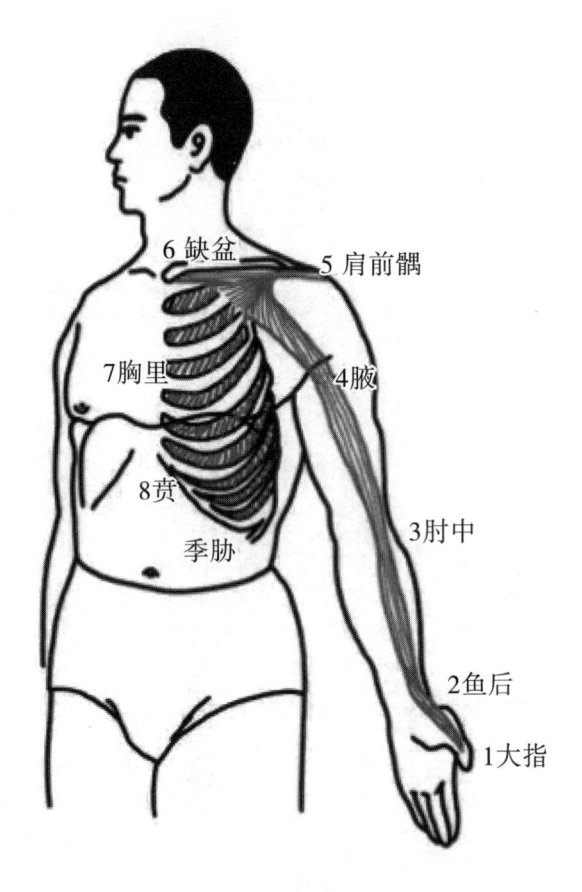

7 胸里　4 腋

8 贲
季肋　3 肘中

2 鱼后

1 大指

手太阴肺经筋

附录二　十二经筋图

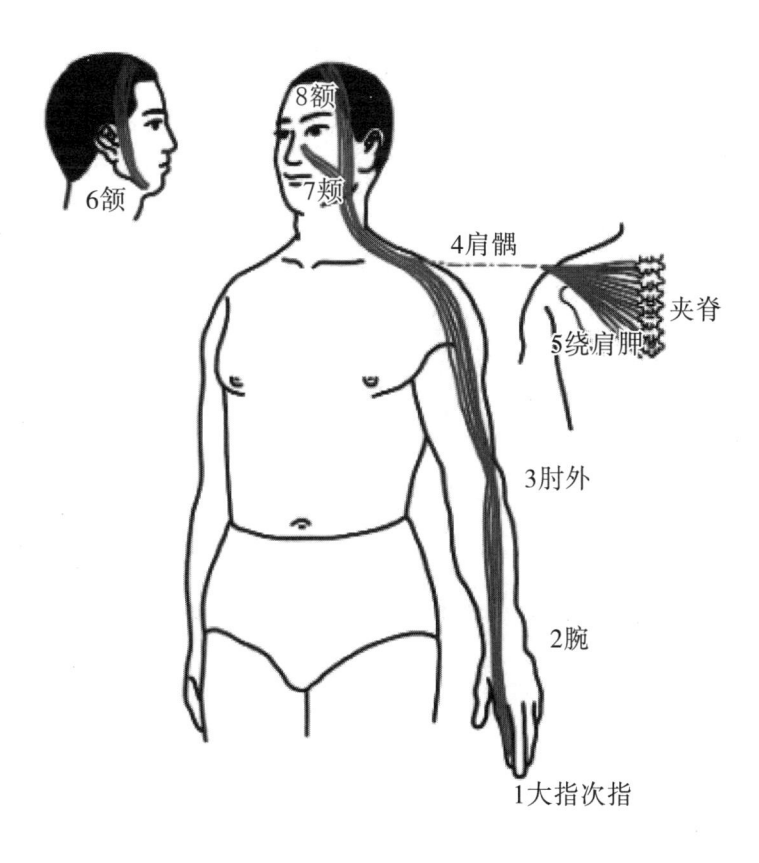

手阳明大肠经筋

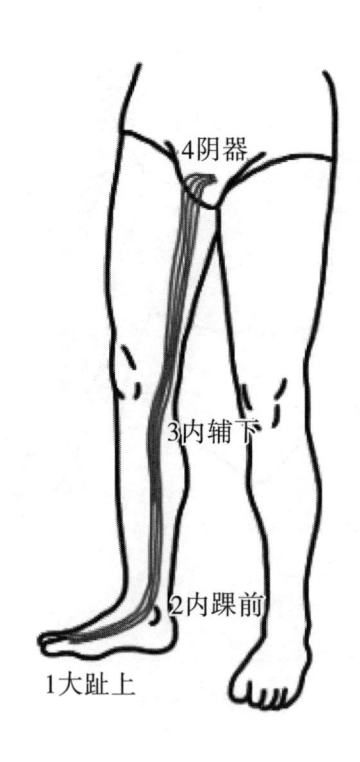

足厥阴肝经筋

附录二 十二经筋图

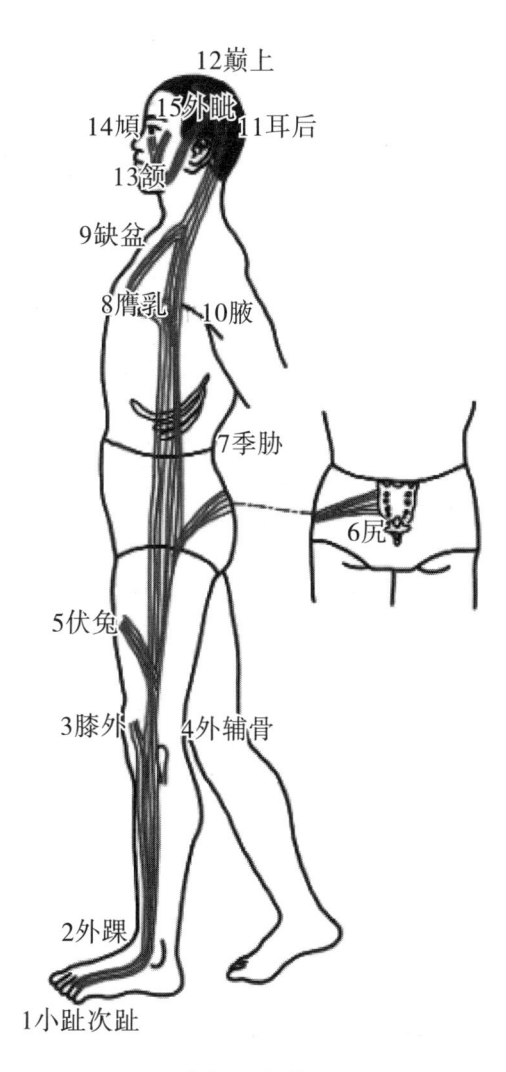

足少阳胆经筋

209

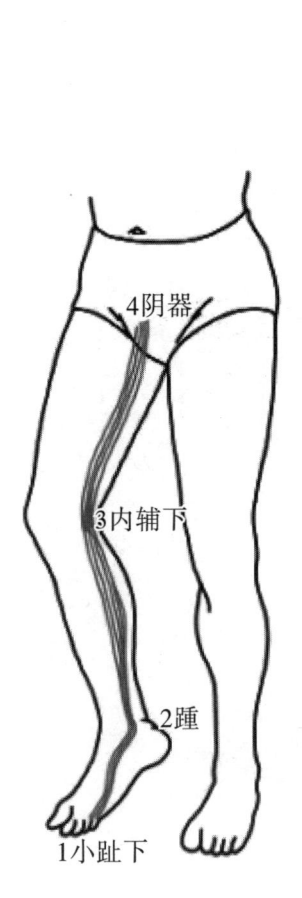

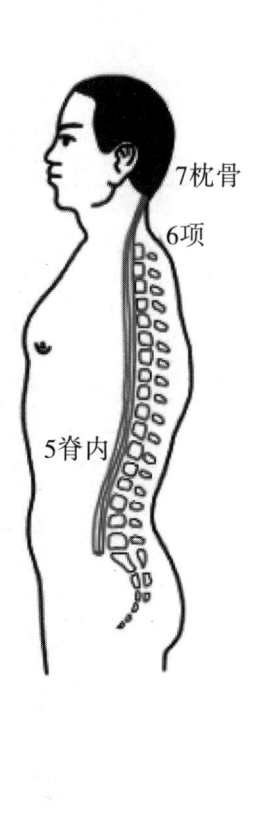

足少阴肾经筋

附录二 十二经筋图

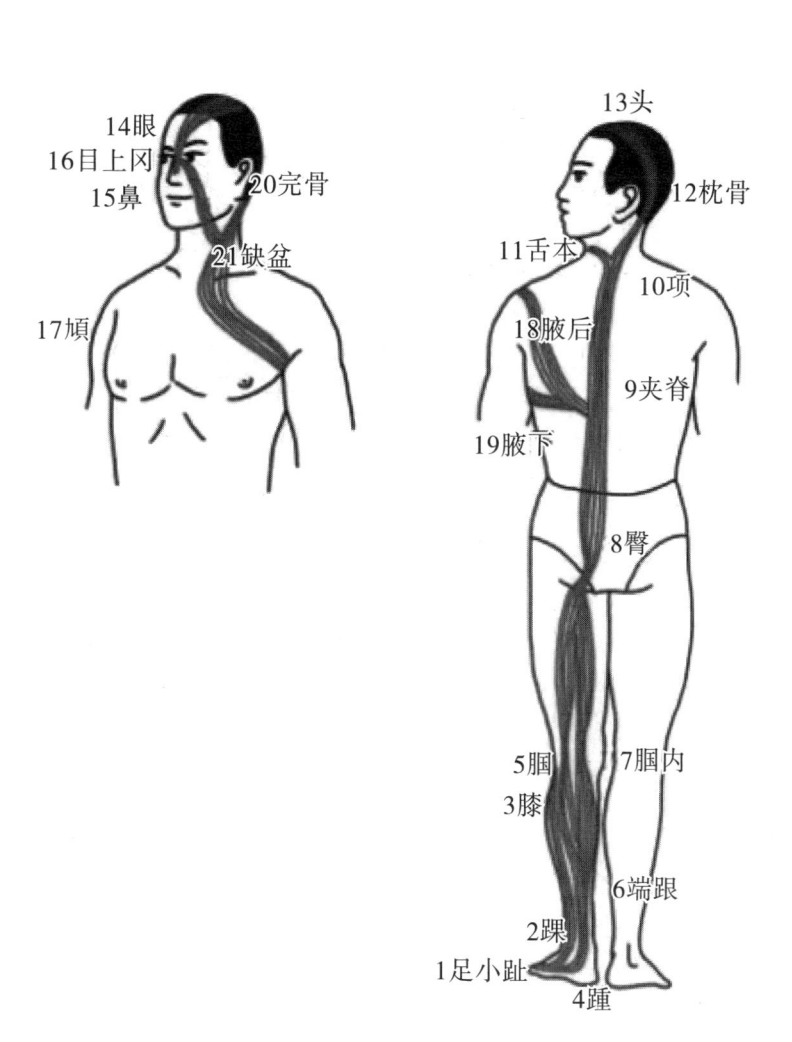

足太阳膀胱经筋

易筋经养生智慧

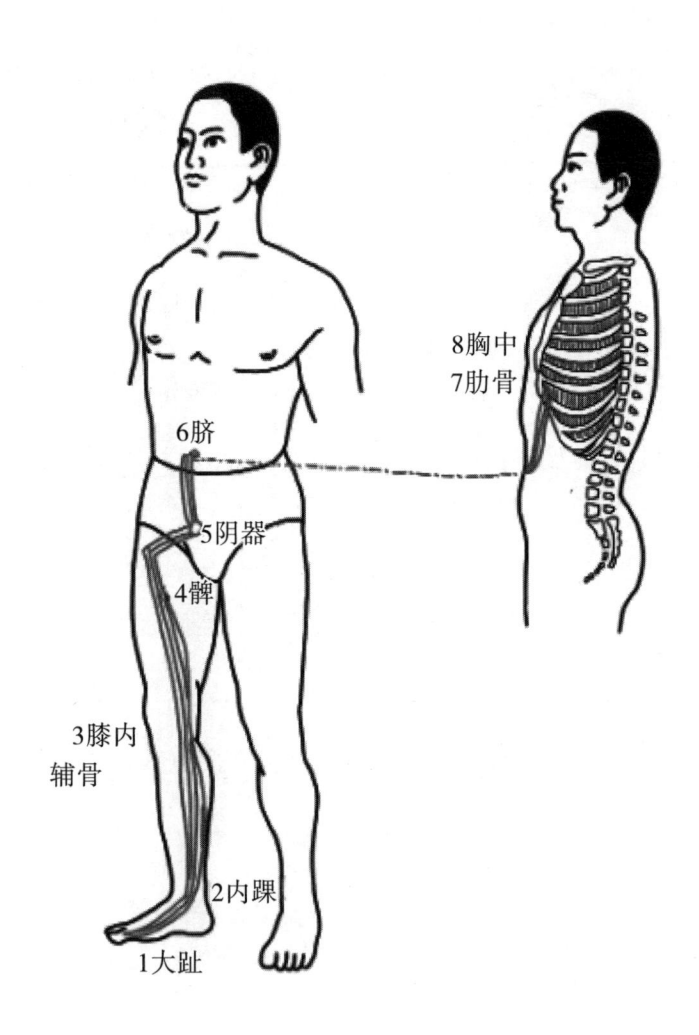

8 胸中
7 肋骨
6 脐
5 阴器
4 髀
3 膝内辅骨
2 内踝
1 大趾

足太阴脾经筋

212

附录二 十二经筋图

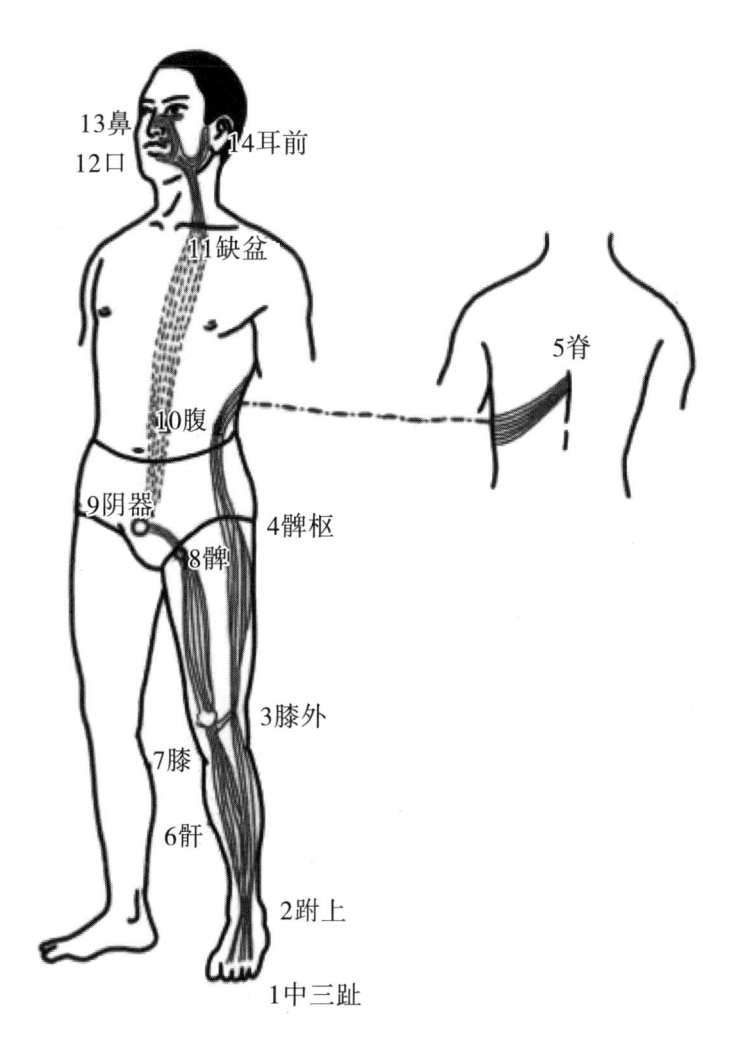

13鼻
12口
14耳前
11缺盆
5脊
10腹
9阴器
4髀枢
8髀
3膝外
7膝
6骭
2跗上
1中三趾

足阳明胃经筋

后 记

我对易筋经的兴趣由来已久，特别是对《总论》《膜论》《内壮论》等篇章反复研读，技理同修，始有小得。先将以上篇章抄录于下，第一，作为自修的功课，常学常新；第二，作为同修的分享，共同参详；第三，作为本书的资料，相得益彰。

《总论》

佛祖大意，谓登正果者，其初基有二：一曰清虚，一曰脱换。能清虚则无障，能脱换则无碍。无障无碍，始可入定出定矣。知乎此，则进道有其基矣。

所云清虚者，洗髓是也；脱换者，易筋是也。

其洗髓之说，谓人之生感于情欲，一落有形之身，而脏腑肢骸悉为滓秽所染，必洗涤净尽，无一毫之瑕障，方可步超凡入圣之门，不由此则进道无基。

所言洗髓者，欲清其内；易筋者，欲坚其外。如果能内清静、外坚固，登寿域在反掌之间耳，何患无成？

且云易筋者，谓人身之筋骨由胎禀而受之，有筋弛者、筋挛者、筋靡者、筋弱者、筋缩者、筋壮者、筋舒者、筋劲者、筋和者，种种不一，悉由胎禀。如筋弛则病，筋挛则瘦，筋靡则痿，筋弱则懈，筋缩则亡，筋壮则强，筋舒则长，筋劲则刚，筋和则康。

若其人内无清虚而有障，外无坚固而有碍，岂许入道哉？故入道莫先于易筋以坚其体，壮内以助其外。否则道亦难期。

其所言易筋者，易之为言大矣哉。易者，乃阴阳之道也。易即变化之易也。易之变化，虽存乎阴阳，而阴阳之变化，实存乎人。弄壶中之日月，搏掌上之阴阳。故二竖系之在人，无不可易。

所以为虚、为实者易之，为刚、为柔者易之，为静、为动者易之。高下者易其升降，先后者易其缓急，顺逆者易其往来，危者易之安，乱者易之治，祸者易之福，亡者易之存，气数者可以易之挽回，天地者可以易之反覆，何莫非易之功也！至若人身之筋骨，岂不可以易之哉？

然筋，人身之经络也。骨节之外，肌肉之内，四肢百骸，无处非筋，无经非络，联络周身，通行血脉，而为精神之外辅。如人肩之能负，手之能摄，足之能履，通身之活泼灵动者，皆筋之挺然者也。岂可容其弛、挛、靡、弱哉！而病、瘦、痿、懈者，又宁许其入道乎。

佛祖以挽回斡旋之法，俾筋挛者易之以舒，筋弱者易之以强，筋弛者易之以和，筋缩者易之以长，筋靡者易之以壮。即绵泥之身，可以立成铁石，何莫非易之功也！

身之利也，圣之基也，此其一端耳。故阴阳为人握也，而阴阳不得自为阴阳。人各成其人，而人勿为阴阳所罗。以血气之躯，而易为金石之体。内无障，外无碍，始可入得定去，出得定来。然此着功夫，亦非细故也。而功有渐次，法有内外，气有运用，行有起止，至药物、器制、节候、岁月、饮食、起居，始终各有征验。入斯门者，宜先办信心，次立虔心，奋勇坚往精进，如法行持而不懈，无不立跻圣域矣。

般剌密谛曰：此篇就达摩大师本意，言易筋之大概。译而成文，毫不敢加以臆见或创造一语。

《膜论》

夫人之一身，内而五脏六腑，外而四肢百骸；内而精气与神，外而筋骨与肉；共成其一身也。如脏腑之外，筋骨主之；筋骨之外，肌肉主之；肌肉之内，血脉主之；周身上下动摇活泼者，此又主之于气也。是故修炼之功，全在培养血气者为大要也。即如天之生物，亦各随阴阳之所至，而百物生焉，况于人生乎，又况于修炼乎。且夫精气神为无形之物也，筋骨肉乃有形之身也。

此法必先炼有形者，为无形之佐；培无形者，为有形之辅。是一而二、二而一者也。若专培无形而弃有形，则不可；专炼有形而弃无形，更不可。所以有形之身，必得无形之气，相倚而不相违，乃成不坏之体。设相违而不相倚，则有形者亦化而无形矣。

是故炼筋，必须炼膜，炼膜必须炼气。然而炼筋易而炼膜难，炼膜难而炼气更难也。先从极难、极乱处立定脚根，后向不动、不摇处认斯真法。务培其元气，守其中气，保其正气。护其肾气，养其肝气，调其肺气，理其脾气，升其清气，降其浊气，闭其邪恶不正之气。勿伤于气，勿逆于气，勿忧思悲怒以损其气。使气清而平，平而和，和而畅达，能行于筋、串于膜，以至通身灵动，无处不行，无处不到。

气至则膜起，气行则膜张。能起能张，则膜与筋齐坚齐固矣。如炼筋不炼膜，而膜无所主；炼膜不炼筋，而膜无所依；炼筋、炼膜而不炼气，而筋膜泥而不起；炼气而不炼筋膜，而气痿，而不能宣达流串于筋络。气不能流串，则筋不能坚固，此所谓参互其用，错综其道也。

俟炼至筋起之后，必宜倍加功力，务使周身之膜皆能腾起，与筋齐坚，着于皮，固于肉，始为子母各当。否则筋坚无助，譬如植物，无土培养，岂曰全功也哉？

般刺密谛曰：此篇言易筋以炼膜为先，炼膜以炼气为主。然此膜人多不识，不可为脂膜之膜，乃筋膜之膜也。脂膜，腔中物也。筋膜，骨外物也。筋则联络肢骸，膜则包贴骸骨。筋与膜较，膜软于筋；肉与膜较，膜劲于肉。膜居肉之内、骨之外，包骨衬肉之物也，其状若此。行此功者，必使气串于膜间，护其骨、壮其筋，合为一体，乃曰全功。

《内壮论》

内与外对，壮与衰对。壮与衰较，壮可久也。内与外较，外勿略也。内壮言坚，外壮言勇，坚而能勇是真勇也，勇而能坚是真坚也，坚坚勇勇，勇勇坚坚，乃成万劫不化之身，方是金刚之体矣。

凡炼内壮，其则有三。

一曰守此中道。守中者，专于积气也。积气者，专于眼耳鼻舌身意也。其下手之要，妙于用揉，其法详后。

凡揉之时，宜解襟仰卧，手掌着处，其一掌下胸腹之间，即名曰中。惟此中乃存气之地，应须守之。

守之之法，在乎含其眼光，凝其耳韵，匀其鼻息，缄其口气，逸其身劳，锁其意驰，四肢不动，一念冥心，先存想其中道，后绝其诸妄念，渐至如一不动，是名曰守，斯为合式。

盖揉在于是，则一身之精气神俱注于是，久久积之，自成庚方（意为光明）一片矣。设如杂念纷纭，驰想世务，神气随之而不凝，则虚其揉矣，何益之有？

二曰勿他想。人身之中，精气神血不能自主，悉听于意，意行则行，意止则止。守中之时，意随掌下，是为合式。

若或驰意于各肢，其所凝积精气与神，随即走散于各肢，即成外壮，而非内壮矣。揉而不积，又虚其揉矣，有何益哉？

三曰待其充周。凡揉与守，所以积气。气既积矣，精神血脉悉皆附之。守之不驰，揉之且久，气惟中蕴而不旁溢，气积而力自积，气充而力自周。此气即孟子所谓：至大至刚，塞乎天地之间者，是吾浩然之气也。

设未及充周，驰意外走，散于四肢，不惟外壮不全，而内壮亦属不坚，则两无是处矣。

般剌密谛曰：人之初生，本来原善。若为情欲杂念分去，则本来面目，一切抹倒。又为眼耳鼻舌身意，分损灵犀，蔽其慧性，以致不能悟道，所以达摩大师面壁少林九载者，是不纵耳目之欲也。耳目不为欲纵，猿马（指心猿意马）自被其锁绊矣。故达摩大师得斯真法，始能只履西归，而登正果也。此篇乃达摩佛祖心印，先基真法，在守中一句，其用在"含其眼光"七句。若能如法行之，则虽愚必明，虽柔必强，极乐世界，可立而登矣。

以上三篇文字出自传世《易筋经》文本，个别字句根据版本不同而异，我根据自己理解略加注释，并进行了断句。这三篇文章对指导易筋经导引术锻炼大有裨益，因本书关注点在于易筋经十二式，其余篇章多涉及药物用法等故未录入，有兴趣者请自行查阅。

《易筋经》文本是一座宝库，其对人体结构、锻炼原则等方面的阐述，对指导包括易筋经导引术在内的传统功夫的修炼具有高屋建瓴的指导作用，需要反复揣摩、知行合一、日积月累，才能不断取得进步。

我不揣浅陋，将自己多年来的所学所思所悟所行付诸笔端，心中却实惶恐和忐忑，一则担心辜负了喜爱拙作的朋友们的期待，二则担心浪费了读者们的宝贵时间和精力，三则担心读者购书以后弃如敝履浪费其钱财。我自认为，有些书可以反复阅读与作者精神相通，有些书则如同鸡肋无甚营养还不好处置，我不希望我的书归于后者，我鄙视那些粗制滥造、复制粘贴的书籍及其作者。所以每完稿一本书，我一定会先请老师和朋友们提意见、找毛病，能得到大家的肯定以后，才有信心、有勇气把书稿交给出版社。

本书初稿我先后寄给了上海虞定海老师、江苏丁秋波老师、陕西白明岗老师、山东单玉晶老师和许兵老师、广东张秋越老师等征求意见，集思广益反复修改，终成此章。其中丁老师的意见尤为中肯，入木三分，我已经将其发表在"内景导引"公号上，供有兴趣的读者参考。

深圳市瑜伽协会会长陈琳老师指导我修习瑜伽，并对本书"拓展篇"中的瑜伽体式与易筋经动作的相似性、相关性等进行了确定和指导；饶步华老师特为功法配音，声音沉静柔美，曲调悠扬悦耳，两者相得益彰，更有助于练习者把握动作节奏、熟悉动作过程，更好、更快地掌握易筋经细节与要领；深圳大学铁煜荷老师为本书示范动作，将书中内容更直观、形象地呈现出来，使本书锦上添花，特此深致谢意。

后 记

  与"导引治未病丛书"的前三本一样，封笔以后，心中总觉得书里还差了许多内容，很多想说的话到底也没说出来，总是留下了些许的遗憾，期待着读者们多提意见、多和我交流，对您的每一条建议与意见，我心中都充满了无尽的尊重与感激。

  2020年此时杀青《呼吸的养生智慧》，现在又是黄花风铃木和洋紫荆灿烂盛开的季节，仍是一样的风景，但彼时疫情正肆虐，今日随着疫情的结束，全民健身正在如火如荼地开展。愿本书能为广大人民群众提升免疫力，为"健康中国"建设尽一点点绵薄之力。

  期疑义相析，愿美文共赏。

牛爱军
2023年3月于深圳龙岗